ものがたり日本音楽史

徳丸吉彦

岩波ジュニア新書 909

目次

第一章

古　代

雅楽の舞楽《納蘇利《なそり》(納曽利)》を描いた 17 世紀の絵巻より．高麗楽《こまがく》なので，太鼓の模様が二つ《ふた》巴《どもえ》になっている

（一）音楽の定義

日本列島に人が住み始めた時期は、人の生活の痕跡《こんせき》である石器の年代から推定されています。それによると、今から八万年前から四万年前のこととされています。列島に住んでいた人びとも「音楽」をもっていたかもしれませんが、それを明らかにする手段は今のところありません。

私はすでに「音楽」という言葉を使いました。それは、私が音楽を「人間が組織づけた音響」と考えるからです。日本列島に住み始めた人びとが何らかの意図をもって、声を出し、足を踏んで音を出し、石を叩《たた》いて音を出したとすれば、それを音楽と考えます。

もちろん、地域や時代が違えば、音楽と考えられるものも違います。そのため、ある地域の人が他の地域の音楽や、自分たちよりも前の時代の音楽を「あんなものは音楽ではない」と否定することは、昔も今も見られることです。しかし、音楽の歴史を考えるためには、どんな音楽に対しても、人間が行うことなので理由があるはずだと考えて、そこに首尾一貫性を探し出して音響がどのように組織づけられたかを考えることが必要なのです。

これに関連するのが、聴き方の違いです。「音階をもつものだけが音楽だ」ととらえている人は、日本の寺院の鐘《かね》には音階がないと考えて、音楽としては聴かないでしょう。しかし、鐘の余韻《よいん》と響きの変化を音楽として聴く人もいるでしょう。私は、音楽の歴史の中に、音の響きとともに、音楽の作り方と聴き方を含めることにします。

(二) 楽器の定義と縄文《じょうもん》時代の楽器

さて、右のように音楽を定義しますと、日本列島には縄文時代から音楽があったと考えることができます。縄文時代の始めと終わりについては異なる説がありますが、ここでは、紀元前一万年前後から前四世紀まで続いた長い期間としておきます。

この時代の文化としては縄文土器という造形芸術が代表的な例として扱われていますが、この時代の人びとは、音楽ももっていたのです。人びとが声による音楽をもっていたと想像されますが、これには証明の方法がありません。しかし、遺跡《いせき》から発掘された楽器は、人びとが音楽を作っていたことを示しています。なお、楽器のように見える遺物でも音を出さないものがありますので、音楽史を考える上では、楽器と楽器ではないものを区別する必要があります。こうした研究を行う分野が、音楽考古学です。

ここで「楽器」という言葉を説明しておきます。これは紀元前一一世紀から前八世紀にあった中国古代の王朝・西周《せいしゅう》の儀礼を記した『周礼《しゅらい》』で使われた言葉で、「楽(音楽)を作る器

（道具）」と説明されています。本書でも、この説明に従い、音楽を作るさまざまな道具を楽器と呼びます。木の板、石、人間の腹なども音楽を作るために使われれば、それらを楽器と呼ぶことにします。

縄文時代の楽器の代表が、粘土《ねんど》を焼いて作った土鈴《どれい》です。球形、円筒形《えんとうけい》、それに土偶《どぐう》の形をしたものがあります。閉じられた器の中に「丸《がん》」と呼ばれる小さな粒《つぶ》が入れられているので、鈴のように振ると音がします。出てくる音は小さくて使う人にしか聞こえませんが、大きな音を出す楽器の方が小さな音を出す楽器よりも優れている、と考えてはなりません。

縄文時代には、石笛《いわぶえ》（フエは古代での管楽器の総称）と呼ばれる、石でできた楽器もありましたし、弦《げん》を張ったコト（コトは同じく弦楽器の総称）と思われるものもありました。これらの楽器から、縄文人が音楽をもっていたことがわかるでしょう。

（三）弥生《やよい》時代の楽器

縄文時代に続く弥生時代の始まりと終わりについても異なる説がありますが、紀元前八、七世紀から紀元後二、三世紀までの長い期間と考えます。地域によって変化の違いがありますので、縄文と弥生の二つの時代には重なりがあります。

弥生時代には海外との交流から、塤《けん》と銅鐸《どうたく》という新しい楽器が現れます。塤は中国で使われていた土笛《つちぶえ》の一種です。標準的なものは、卵を少し大きくした形で、息を吹き込むための孔《あな》を上部に開け、さらに前面に四個、後面に二個の孔を開けたものです。発掘された塤の一つからは、孔の開閉によって、主として全音ずつ違う六つの音高《おんこう》を出すことができました。

もう一つが銅鐸です。鐸というのは中国の平らな鐘で、内側に舌《ぜつ》と呼ばれる棒や板を入れて鳴らすものです。銅鐸は中国から朝鮮《ちょうせん》半島に伝わり、それが日本に伝わってしだいに大型になったと考えられています。銅鐸の材料は、銅に鉛《なまり》や錫《すず》を混ぜたものです。これが日本で作られたことは、鉱石から金属を分離して加工する冶金《やきん》の技術が日本に導入されたことを意味します。

銅鐸を、広がっている方を下にして立てますと、弥生時代初期のものは高さが二〇〜四〇センチですが、後の時代には一メートルを超えるものも作られました。大きな銅鐸は、楽器ではなく儀礼の場に置くものである、という説もありますが、舌があたる部分が摩耗《まもう》した銅鐸が多数発見されていますし、銅鐸を外側から叩くこともできますので、これらの銅鐸も楽器として使われたと考えられます。どのような大きさであれ、銅鐸は新たに現れた金属製の楽器ですから、その響きは当時の人びとに強い印象を与えたことでしょう。

銅鐸の音高を調査した記録は少ないのですが、一九六四年に神戸の桜ヶ丘で発掘された一四個のセットの中の九個（他の五個は不明です）が次のような音高をもつと報告されています。

ピアノの鍵盤《けんばん》の中央のドの二オクターヴ低い音域のレを出すものが二個あり、ラを出すものが二個、その上方へ順にド、レ、ソ、ド、ソが一個ずつです。これらを組み合わせれば、さまざまな音程を作ることができます。もっとも当時の人びとは、音程を問題にしないで、銅鐸の一つ一つの響きを聴いたのかもしれません。

不思議なことに、銅鐸は弥生時代末(二世紀末から三世紀初頭)に地中に埋《う》められました。銅鐸が発見された記録は八世紀にありますが、大量の銅鐸が発見されたのは、近年の考古学の発掘のおかげです。

外来の楽器である塤と銅鐸は、弥生時代に続く古墳《こふん》時代(三世紀後半から七世紀)には使われなくなりましたが、弥生時代に日本列島で作られた琴《こと》と筑状《ちくじょう》弦楽器は古墳時代まで使われました。

まず琴を考えるために、一枚の板と一本の弦を想像してください。板の上に弦を張って、それを指か棒ではじけば音が出ます。高さの違う音を出すためには二つの方法があります。第一は、異なる音高が出るように弦を増やす方法です。第二は、指か棒で弦を押さえて振動する部分の長さを変える方法です。弥生の琴では第一の方法が使われ、四本や五本の弦が板に張られました。板だけでも音は出ますが、板の下に箱を付ければ、音が大きくなります。弥生の琴にも、こうした共鳴《きょうめい》のための装置が付けられたものがあります。

一方、筑状弦楽器は、琴のように細長い板に複数（主として五本）の弦を張るものですが、底がふくらんでいるので、琴のように置いて演奏することができません。楽器を片手で持ち、もう一つの手に持った棒で弦を叩くかはじくかすれば演奏できます。中国の古代に弦を叩いて演奏する筑《ちく》という楽器がありましたので、日本の音楽考古学を進めた笠原潔《かさはらきよし》［一九五一〜二〇〇八］は、奏法が似ていることから、これを筑状弦楽器と呼びました。

笠原は、日本で出土した琴も筑状弦楽器も、形の似たものがアジア大陸にはないことから、日本に住んでいた人びとが作ったものと考えました。琴については、後の時代の文献で言及されますが、筑状弦楽器については言及がないので、古墳時代に消滅《しょうめつ》し、人びとの記憶から失われてしまったようです。

（四）倭国《わこく》の対外関係と音楽

こうした楽器を使っていた弥生時代、日本列島に巨大な集落が多数できます。それらは中国の文書に「国」と記されています。しばしば百余国とされていますので、小さな国に分かれていたようです。これらの国々をまとめて呼ぶために使われたのが「倭《わ》」「倭国」です。卑弥呼《ひみこ》が支配した邪《や》（耶）馬台国《またいこく》は、当時のそれらの国の一つです。

邪馬台国や他の国が、それぞれ中国大陸にあった国と関係をもったことが、中国の歴史書に記されています。例えば、『三国志《さんごくし》』の中の「魏書《ぎしょ》」にある「魏志倭人伝《ぎしわじんでん》」には、「死者が出ると、喪主《もしゅ》が号泣し、他の人はその周りで歌を歌い、舞を舞って、酒を飲む」という倭国の葬儀《そうぎ》の記述があります。これは、当時の人びとの音楽実践を知る手がかりになります。

五世紀になると、倭の国を代表する王が次々に生まれ、政治の中心が大和《やまと》に置かれたと考えられています。彼らは自らが倭国の代表であることを国内・国外に示すために、中国大陸南部の王朝から将軍の位や倭国王の位を受けています。大和王権の大王《おおきみ》のもとで、力のある豪族たちが朝廷を作り、各地の豪族もその政治組織に組み込まれていきます。

六世紀の倭国が朝鮮半島と関係をもったため、朝鮮半島からの人の渡来《とらい》が活発になり、多くの技術や文化、文字が伝えられました。音楽にとって重要なのは次の節で述べるように文字の導入です。

こうした統一国家をつくる上で大きな役割を果たしたのが、六世紀頃から奈良の飛鳥《あすか》地方で力をもった蘇我《そが》氏で、この一族は政治・財政だけでなく皇位継承《こういけいしょう》にも積極的にかかわりました。五九二年には日本で最初の女帝となる推古《すいこ》天皇が即位《そくい》し、その政治にはその甥《おい》の厩戸《うまやど》皇子《のおうじ》(一世紀後には、聖徳太子《しょうとくたいし》という呼び方が現れます)が参加します。

蘇我・推古・厩戸が行った仕事で音楽に関係するのは、遣隋使《けんずいし》の派遣と冠位十二階《かんいじゅうにかい》の制定です。前者は、五八九年に中国が隋によって統一国家になったことに対応するもので、六〇〇年に最初の使節が送られ、六〇七年、六〇八年と続きます。遣隋使の役割は、朝鮮半島を通さずに中国から制度や文物を得ることでした。

後者の冠位十二階は、海外に派遣する使節に官位を授ける必要からつくられたものです。これは、官吏《かんり》に登用された個人に、任務にふさわしい位と冠《かんむり》や飾りを与える制度です。この制度がしだいに複雑に整備され、後々まで、政治家だけでなく、宮廷に所属する音楽家たちもその制度に組み込まれます。

この頃の列島には、多様な音楽が響いていたことでしょう。海外から渡来した人びとはそれぞれの音楽を実践し、もともと日本列島にいた人びともそれぞれの音楽を実践していたと考えられるからです。

大和の朝廷が先住民族とみなしていた人びとのことが、『古事記《こじき》』『日本書紀《にほんしょき》』『風土記《ふどき》』に記されています。クズ（漢字で「国栖」と書き、土蜘蛛《つちぐも》とも呼ばれます）もその一つです。吉野《よしの》のクズの人びとが、酒を奉《たてまつ》る時に、歌を歌い、歌い終わると笑うという記述から、彼らが独自の歌をもっていたと考えられます。

暑い時期に男女が川に出向いて、久慈《くじ》（現在の茨城県太田市）のおいしい酒を飲んで、筑波《つくば》の都曲《みやこぶり》、つまり都風の歌を歌って楽しむという、『常陸国《ひたちのくに》風土記』の記述から、人びとが歌を楽しんだことがわかります。これは、歌垣《うたがき》という、男女が山や市《いち》に集まって互いに歌を交わし、踊《おど》って遊ぶ行事を思わせます。実際、『古事記』と『日本書紀』に収められた歌謡《かよう》の大半が歌垣の歌であったという推定がありますが、その旋律《せんりつ》は不明です。それでも、人びとが歌をもっていたことはわかります。

次に楽器の記述をみましょう。『風土記』(山城国《やましろのくに》)には海辺で笛を吹いたら竜神《りゅうじん》が現れたという話があります。また、『日本書紀』と『古事記』には、枯野《からの》という名前の船を燃やして残った木材から作った琴が素晴らしい音色であったということが記されています。これに似た話が中国の『後漢書《ごかんじょ》』にありますから、日本の編者がそれを読んで加えたのかもしれません。しかし、琴や笛が楽器として知られていたことはわかります。

(五) 文字・儒教《じゅきょう》の導入と音楽

漢字と儒教は中国で生まれた文化ですが、日本の音楽にもかかわりをもちます。

漢字が使えなければ、外国との交渉《こうしょう》ができず、儒教や仏教を理解することも、自分たちの歴史や文学を記録することもできません。もちろん漢字が伝わる前から、日本語はありました。しかし、文字がないので、日本語の発話は口頭で伝えられ、それを記憶するしかありませんでした。

そこで、漢字を、その本来の意味を無視して日本語の音節《おんせつ》を示すために使うようになりました。八世紀後半に編纂《へんさん》された『万葉集《まんようしゅう》』という日本最古の歌集が日本の歌を記すために用いた方法です。この方法は六世紀か七世紀には使われ始めたようです。後の時代にできる日本語の片仮名も平仮名も漢字を基礎にしたものですから、漢字の導入が日本文化に与えた影響の大きさがわかります。

漢字は儒教の理解のためにも必要でした。儒教を始めた孔子《こうし》の言行を記した『論語《ろんご》』は早くから学ばれたようで、七世紀前半に記されたと思われる木簡《もっかん》から、『論語』を書き写したものが発見されています。

このように、日本で思想としての儒教が近代まで影響を与えたのに対して、儒教の儀礼はあまり実践されなかったようです。例えば、八佾《はちいつ》という舞が儒教儀礼にあります。これは、縦八列・横八列になって六四人で舞う大がかりなもので、中国の君主だけが上演できるものです。『日本書紀』に、臣下《しんか》である蘇我蝦夷《えみし》がこれを舞わせたという記述がありますが、このことは、事実ではなく、蝦夷の不遜《ふそん》さを示す目的で加えられたものと考えられます。

（六）仏教の導入と音楽

仏教はインドで生まれた宗教ですが、それが西域《せいいき》（中央アジア・西アジア）・中国・朝鮮半島を通って日本列島に伝えられました。中国の王朝は早くから仏教を積極的に受け入れて、仏像を造るだけでなく、古代インドの言葉であるサンスクリット語(梵語《ぼんご》)で書かれた基本的な経典《きょうてん》を中国語に翻訳《ほんやく》し、あるいはサンスクリット語の発音を漢字で記しました。仏教の日本への伝来には異なる説がありますが、六世紀中頃には導入されていたようです。

仏教が伝わると、それを積極的に信仰する人たちが現れましたが、従来の日本の神々への祈りを重視すべきと考えて仏教に反対する人たちもいました。『日本書紀』には、推古天皇が五九四年に「皇太子(厩戸)と大臣(蘇我馬子《うまこ》)に仏教を盛んにするように命じた。その臣下《しんか》の人びとは、君や親の恩に報いるために競って仏舎《ぶっしゃ》を造った。これを寺という」と記されています。これによって朝廷は反仏教勢力を抑えて、仏教に国の宗教という地位を与えたことになります。

日本の神道《しんとう》が、山・滝・岩・樹木などの自然物を神体《しんたい》として信仰したのに対して、仏教は早くから仏像を造り、それを寺の中に置きました。これも仏教の普及を助けたことでしょう。神社が大きな建物として造られるのはその後のことで、政治権力と結びついていた伊勢神宮《いせじんぐう》や出雲大社《いずもたいしゃ》の建物ですら、造られたのは仏教寺院よりも遅い七世紀後半のことです。

仏教の教えは、漢字で記された経典によって伝えられました。漢字が読めた人たちは、祈りの手段として、それを書き写しました。聖武《しょうむ》天皇が国ごとに国分寺《こくぶんじ》・国分尼寺《こくぶんにじ》を造らせ、そこで経典を書き写すことを命じたのも同じ理由で、経典に国を守る力や人びとの苦労を取り除く力を認めたからです。

写経《しゃきょう》も仏教の実践方法ですが、仏に祈るためには、経典を声に出して読む必要があります。漢字で記された文章を発音するためには、専門家としての僧・尼僧の指導が不可欠だったのです。

仏教を実践することは、経典を声に出すだけでは済みません。祈りの場を目的に適《かな》った空間にする必要があります。こうした行為を仏教では荘厳《しょうごん》と呼びますが、この中には、視覚的な荘厳として仏具とともに花を飾ること、あるいは花をまくこと(これを散華《さんげ》と呼びます)、香《こう》を焚《た》くことが含まれます。そして何よりも重要なのが、聴覚的な荘厳として音楽を演奏することです。後述する大仏開眼供養《だいぶつかいげんくよう》は、音楽が荘厳として大きな役割を果たした例です。

(七) 音楽伝承の制度化

一つの地域に強力な政権が生まれると、その地域を統治するために刑罰や行政の方法を定める規則が必要になります。刑罰法が「律《りつ》」、行政の機構に関する法が「令《りょう》」で、合わせて律令《りつりょう》と呼ばれます。これは中国で生まれたもので、隋・唐《とう》の時代にできた律令が日本に伝えられました。六八九年には飛鳥浄御原《あすかきよみはら》令が、七〇一年には大宝《たいほう》律令が制定されます。これらの法律によって、中央官庁の仕事だけでなく、地域の支配方法、さまざまな職種とその仕事が、細かく規定されることになりました。

律令は音楽活動にも影響を与えます。これによって、特定の音楽が保護・促進される一方、他の音楽が結果として抑圧されることになるからです。

令によって定められた八つの省の一つに、儀礼や外交を担当する治部省《じぶしょう》があります。その中に雅楽寮《うたまいのつかさ》(ががくりょう、とも読まれます)が置かれました。この組織は、国の行事で必要とされる音楽のための教師と生徒を確保するものです。その音楽には、日本古来の歌と舞だけでなく、外来の音楽も選ばれました。

雅楽寮は生徒だけでも三六六人。それに組織の管理職、多様な音楽の教師を合わせると四一七人。日本の総人口が五五〇万人と推定される時代ですから、現在の人口に比例させて考えると、九〇〇〇人規模の大きな学校になります。ここからも、国が音楽を重視したことがわかります。

この雅楽寮で最初に教習された外来の音楽は、唐楽《とうがく》、高麗楽《こまがく》、百済楽《くだらがく》、新羅楽《しらぎがく》、そして伎楽《ぎがく》です。高麗《こま》(高句麗《こうくり》)・百済《くだら》(ひゃくさい、とも読まれます)・新羅《しらぎ》(しんら、とも読まれます)は朝鮮半島の国々ですから、それぞれの国の音楽が当時は区別して演奏されていたことがわかります。なお、伎楽は七世紀に百済から伝わった無言の仮面劇で、寺院で上演されたものです。この伝承はとだえましたが、この劇で使われた仮面が残されています。

（八）大仏《だいぶつ》建立《こんりゅう》と音楽

仏教が入るまでも、仏教が入ってからも、天災や病気が流行すると、人びとは、天と地の神々である神祇《じんぎ》に助けを求めました。律令制度の中に神祇の祭祀《さいし》を担う神祇官という日本独自の組織が置かれたことは、その祭祀が重要であったことを物語っています。

仏教が伝わると、こうした祭祀に仏教が加わります。聖武天皇は国を鎮《しず》めるために仏教を用いることを考え、光明皇后《こうみょうこうごう》とともに七四一年に国ごとに寺を建てるように命じました。これが前述の国分寺・国分尼寺です。

さらに七四三年には「大仏造立《だいぶつぞうりゅう》の詔《みことのり》」により、高さが一五メートルもある大仏を造ることを命じます。そして完成したのが『華厳経《けごんきょう》』という経典で宇宙の中心とされた盧舎那仏《るしゃなぶつ》(毘盧遮那仏《びるしゃなぶつ》)の大仏です。金色に輝く大仏を造るためには、銅・錫《すず》・金・水銀が必要ですが、これらの材料はすべて国内で調達されました。

歴史書『続日本紀《しょくにほんぎ》』の天平勝宝《てんぴょうしょうほう》四(七五二)年四月九日の項に、大仏が完成しての開眼供養《かいげんくよう》では、孝謙《こうけん》天皇が東大寺に行幸《ぎょうこう》し、食事をふるまい、盛大な法会《ほうえ》(仏教の儀礼)を行ったと記録されています。この法会には、天皇・皇后を譲位《じょうい》していた聖武太上《だいじょう》天皇・光明皇太后《こうたいごう》も参加しました。そして、一万人の僧侶《そうりょ》と、雅楽寮の音楽家、さらに、さまざまな寺に所属する音楽家が参加し、皇族や官人らが舞を行いました。

さて、大仏開眼とは、完成した大仏像に墨《すみ》で目を描き入れることを指します。この儀礼を指揮したのが、七三六年に来日したインドの僧、菩提僊那《ぼだいせんな》です。開眼供養の当日は、鐘と太《たい》鼓《こ》が地面を震わせ、『華厳経』が唱えられ、仏教音楽の梵唄《ぼんばい》が演奏されました。

演奏された梵唄は、《唄《ばい》》《散華《さんげ》》《梵音《ぼんのん》》《錫杖《しゃくじょう》》です。この四曲の組み合わせは、新しい仏像や寺院の完成を祝うためのもので、のちに四箇法要《しかほうよう》と呼ばれるようになります。梵唄は中世になると声明《しょうみょう》と総称されますが、その音楽的な特徴は後述します。

さて、この大仏開眼の儀式では、梵唄だけでなく多くの舞と音楽が上演されました。これも荘厳のためです。外来の歌舞としては、唐楽や朝鮮半島の音楽が雅楽寮によって演奏され、さらに、寺院で伝承されていた度羅楽《とらがく》と林邑楽《りんゆうがく》も上演されました。

度羅楽は度羅という国の音楽ですが、度羅がアジアのどの地域を指すのかが今では不明で、その伝承はなくなりました。一方、林邑楽は、菩提僊那と一緒に来日した仏哲《ぶってつ》の出身国である林邑の音楽を指し、これは奈良の大安寺《だいあんじ》で教習されていました。現在でも雅楽の中に林邑楽の名称で伝承されている曲があります。

林邑は現在のヴェトナム中部にあった仏教国です。のちにチャンパと称し、七世紀に始まるチャンパ王国の遺跡(チャム塔)は現在でもヴェトナム南部のニントゥアン省に残っています。その国の出身者が伝えたので林邑楽というのか、それとも本当に林邑に特有の音楽であったからそう呼ばれたのかは、議論が分かれるところです。

大仏開眼供養で興味深いのは、外来音楽に加えて、日本のさまざまな地域に伝わる舞も上演されたことです。例えば、久米舞《くめまい》は中国・四国地方に分布する久米部《くめべ》(軍事的な集団)が行っていた舞ですが、それを上演したのには、朝廷の勢力が行き渡っていたことを示すという目的があったのでしょう。

(九) 鐘の響き

さて、開眼供養の直前に完成していた東大寺の大きな鐘は、新しい楽器として人びとに強い印象を与えたことでしょう。

この鐘は下の開いている部分の直径が二・七メートル、高さが三・九メートルの大きさで、重さが二六トン以上あります。この鐘を吊《つ》るすための竜頭《りゅうず》の部分が中世に修理されたといわれますが、本体は最初のままのものです。

古い鐘が残っているのは、東大寺だけではありません。それより前の六九八年には京都の妙心寺《みょうしんじ》と福岡県太宰府《だざいふ》の観世音寺《かんぜおんじ》の鐘が造られています。最近の調査から、国分寺・国分尼寺には鐘を吊るすための鐘楼《しょうろう》があったことがわかったので、多くの鐘が造られたことでしょう。

　なお、昔から戦争が起こると武器を造るために鐘が利用されてきました。一六世紀にも一九世紀にも鐘が溶かされて武器になりました。第二次世界大戦中には多くの鐘が没収されました。そのため、現在では多くの寺院が戦後に造り直した鐘を使っています。

図 1-1　鐘

　このように、鐘は仏教寺院に不可欠な楽器であると同時に、古代から現代まで途切れずに使われてきた日本の楽器なのです。鐘には種類がありますが、今まで述べてきた大型の寺院の鐘は一般に梵鐘《ぼんしょう》あるいは釣鐘《つりがね》と呼ばれます。梵鐘は、中国と朝鮮半島で造られ、それが日本に伝えられたものです。そして、日本の技術者たちは中国とも半島とも異なる日本式の鐘を造りました。最上部に鐘を吊るすための装置(竜頭)があり、表面には飾りや文字が付けられています。鐘を打つ木の棒(撞木《しゅもく》)が当たる場所が撞座《つきざ》です(図1-1)。日本では時代がくだると、撞座の位置が下がります。

　梵鐘の材料は銅に錫を加えた青銅《せいどう》です。それを高温で溶かして形を造るので、極めて高度な技術をもった集団が古代からいたと考えられます。梵鐘の模様や大きさについては多くの研究がありますが、響きについての調査はほとんどありませんし、寺院も鐘の音高についてはあまり言及してきませんでした。それでも、鐘の響きは寺ごとに異なりますので、人びとは音色《ねいろ》によってどの寺の鐘であるかを識別してきました。

もちろん、それぞれの鐘は基礎となる音高をもっています。そして、その一番低い音(基音《きおん》)とその一オクターヴ上の音が強く響きます。しかし、響きを詳細に分析すると、基音から五度や七度など多様な音程関係にある高い音(倍音《ばいおん》)が含まれていることがわかります。そして、鐘を撞いた後の余韻《よいん》の長さは、倍音ごとに異なります。つまり、基本の音高とともに、長く残る音高と残らない音高が、それぞれの鐘の固有な音色を作っているのです。

(一〇) 東大寺の修二会《しゅにえ》

梵鐘と同じように、八世紀からとぎれずに現在まで伝承されている仏教儀礼があります。それが「お水取り《みずとり》」の愛称で呼ばれている東大寺の儀礼、修二会です。

これは、正式には「十一面観音悔過《じゅういちめんかんのんけか》」といいます。当時使われていた、月の運行を中心にした太陰暦《たいいんれき》では二月が春に当たりますので、この時期に新しい年が実り豊かで、おだやかであることを祈る儀礼です。これは一般には祈年祭《としごいのまつり》と呼ばれる儀礼で、民間でも国家としても行いました。

東大寺の修二会は大仏殿《だいぶつでん》の東の丘《おか》にある二月堂《にがつどう》という建物で行われます。大仏開眼供養と同じ七五二年に始まったと伝えられています。それ以来、修二会の中心的な行事は、二月一日から一五日未明《みめい》の間に行われてきました。しかし、一八七二(明治五)年一二月に日本が太陽暦を採用してからは三月一日から一五日未明になりました。重要なのは、この儀礼がこれまで一度も中止されなかったことです。奈良が平氏によって焼《や》き討《う》ちされた一一八〇年にも、第二次世界大戦中にも開かれました。

この儀礼では、練行衆《れんぎょうしゅう》として選ばれた僧侶たちが自分の心身を清めて、本尊《ほんぞん》である二月堂の十一面観音《かんのん》に対して、人びとが犯した過ちの許《ゆる》しを乞い、そして仏の加護《かご》を願います。そのため、大仏開眼供養と異なり、修二会は毎年行う必要があるのです。

初期の実態、例えば、どのような旋律が使われたかは不明ですが、儀式の構成要素と順序はその頃からあまり変わっていないということです。例えば、練行衆が二月堂で儀礼を一日に六回行うのも初期からのものだそうです。

作法の中で目立つのが、身体を使う方法です。本尊の名前を唱《とな》えながら、その周りを歩く行道《ぎょうどう》をしだいに速くして行い、最後は走り出す方法、あるいは「五体投地《ごたいとうち》」といって、両ひざ、両ひじ、額《ひたい》を板に打ちつけて仏への帰依《きえ》を表す方法がその例です。

音楽も重要な構成要素です。開眼供養で説明した梵唄も使われます。梵唄の一つで《宝《ほう》

楽譜 1-1　東大寺修二会の《宝号》の例（東京文化財研究所監修『東大寺修二会 観音悔過（お水取り）』日本ビクター，1971 年より）

号《ごう》》と呼ばれるのは、悔過の作法《さほう》に固有のものです。これは「南無観自在菩薩《なむかんじざいぼさつ》」の名前を、旋律を付けてくり返すもので、途中から「菩薩」の部分を省略し「南無観自在」に、さらに「自在」も省略して「南無観」に、そして儀礼によってはさらに短縮するものです。興味深いのは、《宝号》の歌い方が日によって、また、一日の中のどの儀礼かによって異なる点です。**楽譜1―1**はその一例です。

　儀礼を構成する要素に、一人の練行衆によって唱えられる「過去帳《かこちょう》」「加供帳《かくちょう》」「諷誦文《ふじゅもん》」「神名帳《じんみょうちょう》」があります。「過去帳」は亡くなった人の中で東大寺、とくに二月堂に関連の深い人びとの名前を読み上げるものですが、「加供帳」の方は現職の総理大臣や最高裁判所長官など国政に関係する人びとの名前と、修二会の実施を助ける人びとの名前を読み上げて、その人たちに仏の加護があることを祈るものです。これらにも、独特の唱え方があって音楽的です。

「諷誦文」はその年の願いを述べるもので、最近では民族紛争や世界平和が主題になります。ここに、仏の加護がすべての人に及ぶことを願う修二会の基本姿勢が示されています。

「神名帳」は、日本の神々の名前を読み上げて、修二会の実施に協力を求めるものです。「〇〇の大明神《だいみょうじん》」「△△の大明神」と最初はゆっくり唱え、しだいにテンポを速め、やがて聞き分けられないほど速く唱えます。最後はまた、ゆっくりとします。この部分は、緩急《かんきゅう》の付け方や発音の仕方を含めて、唱える人の音楽的なパフォーマンスです。そして、修二会に「神名帳」があることが、仏教と日本の神々との深い関係を示しています。

声以外の音楽的な要素としては、法螺貝《ほらがい》、鈴《れい》、錫杖《しゃくじょう》（金属の環《わ》を付けた杖《つえ》）、数珠《じゅず》、そして差掛《さしか》けと呼ばれる木製の履物《はきもの》が出す音があります。どれも決まったリズムをもつ音楽です。

なお、修二会がしばしば「お水取り」と呼ばれるのは、この中に、新春の若水《わかみず》を取る習俗が組み入れられているからです。現在では三月一二日深夜（一三日の午前二時頃から）、雅楽が演奏される中を、練行衆が二月堂の下にある閼伽井屋《あかいのや》という建物に行き、そこの井戸から水を取って本尊に供えます。このほか、修二会では火も大きな役割をもっています。

（一一）音高についての古代の理論

ところで、音楽は演奏されればすぐに消えてしまいますので、同じ音楽を再現するためには、音楽を知っている人がそれを知らない人に伝える必要があります。

このために使われてきたのが口頭伝承《こうとうでんしょう》と呼ばれる方法です。音楽を知っている人が演奏し、それを他の人が覚えるという方法です。そのためには、教える人と習う人が時間と場所を共有しなければなりません。これを第一次口頭性《こうとうせい》と呼びます。

現在では音楽を録音して、それを再生しながら覚える方法も使われますが、これが可能になったのは録音技術ができた一九世紀終わりからのことです。この新しい方法は、時間と場所の共有が不要なので、本来の口頭性と区別するために第二次口頭性と呼びます。

第二次口頭性のためには電気がなければならないため、世界には現在でも第一次口頭性だけで音楽を伝承している地域があります。日本も古代には、経典の伝承には記された文字が使われましたが、それを音楽として声に出す方法については、楽譜がない時期には第一次口頭性だけによらざるをえませんでした。

しかし、習った音楽を自分の好きなように変えては、伝承になりません。古代の朝廷が仏教音楽の旋律を勝手に変えることを禁止して、模範に従うことを命じているのは、勝手に変える僧侶がいたからでしょう。

音楽の中のいくつかの特徴、例えば音の高さを、文字や図などに記す方法もあります。これが一般に記譜法《きふほう》と呼ばれるものです。西洋と、中国や日本などの漢字文化圏では、古代から記譜法が作られてきました。古代ギリシャの記譜法でギリシャ文字が使われたように、漢字文化圏の記譜法では漢字が使われました。

記譜法があってもなくても、音楽を伝承するためには、二つの音高の関係、つまり音程を名前によって指示することが必要です。

今、板の上に一本の弦が張られていると仮定してください。張力《ちょうりょく》を同じにしたまま弦を二分の一の長さにすると元の弦の一オクターヴ上の音が得られ、三分の二の長さにすると元の弦の完全五度上の音が得られます。古代ギリシャのピュタゴラスとその仲間はすでに紀元前六世紀に、この方法で八度と五度を作って、それぞれに名前を付けましたので、その名前によって音程を伝えることが可能になりました。

古代中国でも、ピュタゴラスのように、八度や五度が作られました。その方法を考えるために、律管《りつかん》(基準とする笛)を想像してください。その長さを三等分します。元の長さ三に一を加えて四を作り、あるいは元の長さから一を減らして二を作りましょう。前者からは律管より四度低い音高が、後者からは律管より五度高い音高が得られます。この方法を応用して

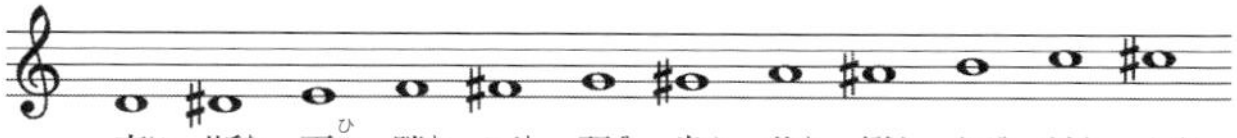

楽譜 1–2　日本の音名

楽譜1－2に示すような一二の音が作られました。これが日本にも伝わり、それぞれの音に**楽譜1－2**に記した名前がつけられ、これが今日まで使われています。それらに近い音を五線譜で示したのが楽譜1–2です。

また中国では、オクターヴ中の一二個の音の中から、それぞれの曲でよく使われる五個あるいは七個の音が選ばれて、音階が作られました。この音階は、それぞれの曲で演奏される調子(音の動かし方)を示すものです。そのために、一二個の音名とは別に、調子の中心になる音を「宮《きゅう》」とし、それから上に「商《しょう》」「角《かく》」「徴《ち》」「羽《う》」の基本の名前を与えました。

日本の雅楽は、中国から伝えられた多くの調子を六個に限定して、しかもそれらの音階の特徴を考えて「呂《りょ》」と「律《りつ》」二つのグループにまとめました。ドを宮とした**楽譜1－3**の五線譜を較《くら》べてください(「平調」のように音名と調子の両方に使われる言葉があるので注意してください)。

現行の雅楽では、呂のグループに、壱越調《いちこつちょう》(宮がレ)、双調《そうじょう》(ソ)、太食調《たいしきちょう》(ミ)の三つの調子が、律のグループには、平調《ひょうじょう》(ミ)、黄鐘調《おうしきちょう》(ラ)、盤渉調《ばんしきちょう》(シ)の三つの調子があります。

こうした雅楽の音高理論、例えば、一二の音高の名称、そして呂と律の

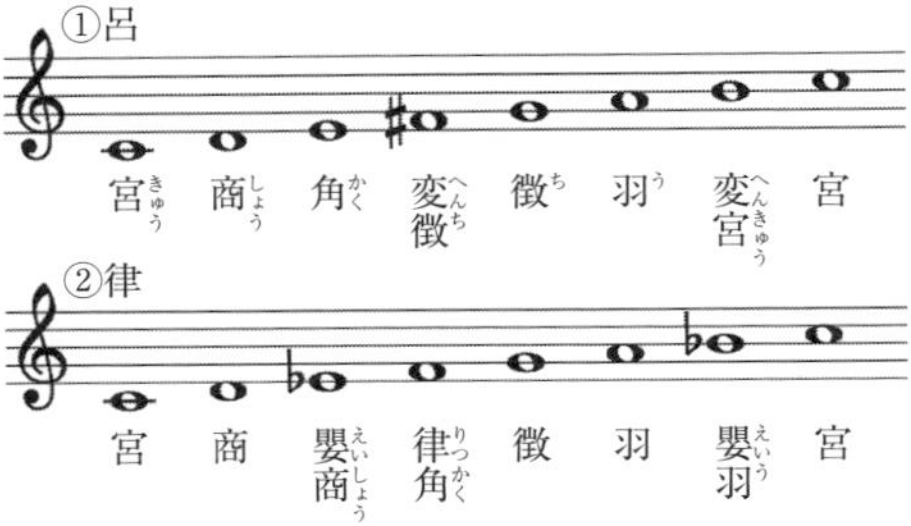

楽譜 1–3　七音音階の比較

対比が、天台宗や真言宗（後述）の梵唄《ぼんばい》あるいは声明の理論化に使われました。そして、声明の曲を、使われる音階の種類によって呂曲や律曲とする呼び方が生まれ、両者の要素が混じったものが中曲《ちゅうきょく》と呼ばれるようになります。やがて、こうした呼び方は、音階の違いを示すよりもグループの性格を示すようになります。

なお、声明は、声域を示すために、雅楽にはない用語も使っています。一番低いオクターヴ音域を初重《しょじゅう》、次を二重《にじゅう》、一番高い音域を三重《さんじゅう》、と呼ぶのがその例です。これによって、宮の音高がどの音域の宮であるかが区別できます。この音域の区別は、のちの声楽のジャンルで応用されます。

以上述べた音高の名称によって、楽器にも歌にも基準を示すことができるようになりました。例えば、日本で歌の伴奏によく使われた楽器に和琴《わごん》があります。これは日本古来の六弦の楽器で一定の方法で調律されます。日本最古の声楽曲の楽譜集で、おそらく九世紀の初めに作られた『琴歌譜《きんかふ》』と呼ばれるものがありますが、それを一〇世紀に写した楽譜が残されています。歌詞の右側に三、五、二などの文字が付けられていますが、これは和琴の弦名で、これによって声の音高を示したと考えられます。

（一二）声明《しょうみょう》

すでに東大寺の大仏開眼供養と修二会に関連して、また、音高の理論に関連して、仏教の声の音楽に触れてきました。これらの音楽は、古代では梵唄と呼ばれていましたが、中世になると声明と呼ばれるようになります。この呼び方が現在まで続いていますので、これからは仏教の儀礼で用いられる声楽曲を声明として説明することにします。

くり返しますと、声明は仏教の宗教音楽です。仏を称《たた》える、仏に救いを求める、そして、特定の人のために祈りを捧げるものです。声明の言葉の中心は仏教経典です。そして、音楽は声による単旋律（モノフォニー）で、楽器が加わっても、それは特定の音高をもたない打楽器類ですから、声の旋律をじゃますることはありません。

仏教音楽としての中国の声明は、サンスクリット語（梵語《ぼんご》）の経典を中国語に訳して唱えました。それらが、奈良の仏教諸派に伝えられて、実践されていました。

平安時代になると、そこに天台宗《てんだいしゅう》と真言宗《しんごんしゅう》という二つの宗派の声明が加わります。前者が最澄《さいちょう》［七六七〜八二二］によって、後者が空海《くうかい》［七七四〜八三五］によって開かれた宗派です。二人とも遣唐使《けんとうし》に従って八〇四年に唐に渡り、仏教の教えと儀礼だけでなく、声明ももたらしました。

こうして、今日まで続く天台声明と真言声明が始まりますが、それは大仏開眼供養からわずか半世紀後のことです。なお、天台宗の声明については、最澄の約四〇年後に唐から帰国した弟子の円仁《えんにん》[七九四〜八六四]の功績も大きいものです。

天台宗と真言宗は、それぞれ声明を含む儀礼を整備し、声明の理論的な研究を行いましたので、それが他の宗派の声明にも影響を与えました。やがて二つの声明のそれぞれの内部で違いが生じ、そこから流派が生まれることになります。

最初は中国から輸入した声明を使っていた日本の仏教も、一〇世紀以降は新しい声明をつくるようになります。その方法は、日本で作られた漢文に中国伝来の旋律を当てはめるものです。

次に、声明全体を言葉と音楽との関係から考えます。そのために便利な分類として、メリスマとシラビックの区別を使います。メリスマは、古代ギリシャでは旋律を意味しましたが、西洋のグレゴリオ聖歌という単旋律の宗教曲の分類に用いられると、歌詞の一音節を多くの音で歌う様式を指すようになります。シラビックは、歌詞の一音節を一つの音で歌う様式を指します。

声明では、梵語や漢語による讃《さん》や唄《ばい》と総称される曲種でメリスマが使われます。例えば、唄の一つに、「云何《うんが》」、つまり「何によって」という言葉で始まる《云何唄《うんがばい》》があります。その最初の言葉は「云何得長寿《うんがとくじょうじゅ》」つまり「何によって長寿が得られるか」というものですが、最初の文字は比較的速く進み、しだいに音節に多くの音が付き、最後の五文字目にいちばん多くの音がつきます。これがメリスマの典型で、これを歌うためには高度な技術が必要です。

対してシラビックの例は、一音節を一つの音で歌うものですから、法会の趣旨を人びとに伝える場合によく使われる方法です。すでに**楽譜1－1**とした挙げた修二会の《宝号》がその例です。

声明の音楽的特徴は、音節と音符の関係に加えて、声の動かし方にもあります。声は音階を階段式に動くだけでなく、その間の微妙な音高も出します。ゆっくり時間をかけて半音上げることがよくあります。また、二つの音の間を往復する運動、例えば、先の《云何唄》の「寿《じゅ》」の母音《ぼいん》「う」だけを「じゅううう」というように反復しながら上げ下げする装飾法も重要な要素です。こうした技法は声明の流派ごとにさまざまに分類され、必ず守るべきものとして伝承されていますから、即興で変えることはできません。

また、メリスマによる《云何唄》には二拍子や三拍子といった拍子がありません。したがって、拍子のもとになる等しい長さの拍もありません。リズムは歌う人が柔軟に作るものです。これに対して、シラビックの曲は、等しい長さの拍をもつことが多く、そこから、数拍がまとめられて拍子のあるリズムを作ることがあります。この両方のリズムをもつのが声明の特徴です。声明は言葉と音の関係、声の技法、そしてリズムのあり方によって、その後に生まれる日本の多様な声の音楽に大きな影響を与えることになります。

すでに述べたように、声明は単旋律の声楽です。それは一人で歌うもの、一人が歌い始め、それに斉唱が続くもの、あるいは斉唱によるものがあります。演奏者の声の質と歌い方、そして声を合わせることから生まれる豊かな響きが、全体の上演に変化をもたらします。

また、大きな儀礼では声明と雅楽が、ある時は交代で、ある時は一緒に演奏します。ここにも、声明と雅楽の緊密な関係を見ることができます。例えば、毎年四月に大阪・四天王寺《してんのうじ》の屋外にある大きな石舞台で行われる聖霊会《しょうりょうえ》はこの寺を建立したとされる聖徳太子を偲《しの》ぶための法要ですが、そこでは声明と雅楽が組み合わされます。

（一三）奈良から京都へ――平安時代の始まり

平城京《へいじょうきょう》の東大寺で行われた大仏開眼の儀式から三〇年もたたない七八一年に即位した桓《かん》武《む》天皇は、平城京を去って現在の京都府の長岡《ながおか》に都を移し、さらに七九四年にはその北東の地に新しい都を造り、世の中が穏やかであることを願ってそれを平安京《へいあんきょう》と名付けます。これが京都を都とする平安時代の始まりです。

九世紀の京都朝廷は都が移ったとはいえ、大宝律令《たいほうりつりょう》制定から一世紀も経っていない時期ですから、律令制を重視し、海外との交渉も前の時代と同じように行いました。隋の後にできた唐に向けて、遣唐使が八三八年まで実際に派遣されましたから、すでに述べた空海も最澄も、また、円仁も使節に従って唐を訪れることができたのです。音楽に堪能《たんのう》な使節によって、新しい唐の音楽も伝えられました。そして遣唐使が廃止された後でも、日本は必要とする文物を民間のルートを通して唐から得ました。

国内的には、律令の規定を補足・修正した法令である「格《きゃく》」と、律令の施行の細かい規則を定める「式《しき》」が九世紀から一〇世紀にかけて作られました。弘仁格《こうにんきゃく》や延喜式《えんぎしき》がその例です。式の中に音楽家や音楽学生の人数、音楽家が参加すべき儀礼が列挙されているのは当然ですが、おもしろいことに、「雅楽寮の楽器や装束《しょうぞく》が破損した場合は治部省に申し出ること」という注意や、箏《そう》や琵琶《びわ》などの弦楽器の弦の長さと重さなど、細かい事項まで記されています。

（一四）平安時代の音楽のあり方

この時期の音楽のあり方を、次の四点にまとめてみます。第一は宮廷で行う行事の確立、第二はそれまでの多数の音楽様式を少数の音楽様式にまとめること、第三は音楽を職業としない専門家の活動、そして第四が中央と地方の文化的な交流です。

まず、第一点は、平安時代初期に宮廷で行う年中行事が確立され、それが先例として毎年くり返されたことです。元旦の儀礼から始まって、朝廷の公式行事、饗宴《きょうえん》、神社や寺院に関係する祭祀《さいし》や法会《ほうえ》が毎月行われます。日本の神との関係では、宮中で行われる御神楽《みかぐら》があり、また京都の賀茂《かも》神社、石清水八幡宮《いわしみずはちまんぐう》、あるいは奈良の春日《かすが》大社での祭祀へも朝廷から使いと音楽家が派遣されます。仏教によって国の安定と穀物が実ることを祈る法会も宮廷で盛んに行われます。こうした行事は、声明や雅楽などの伝承を確実にすることを助けたでしょう。

第二点は、奈良時代までに多くの地域から導入された外国音楽を簡素化することです。八世紀から雅楽寮《うたまいのつかさ》で大勢の生徒に教えられていた度羅楽《とらがく》が演奏されなくなり、渤海《ぼっかい》(中国東北部と朝鮮半島北部を支配し日本と交流していた国)から伝えられた渤海楽も地位がおとろえます。平安時代に入ると、八世紀には別々に伝承された高句麗・百済・新羅の音楽が渤海楽とあわせて、高麗楽《こまがく》としてまとめられます。外来の舞楽(音楽と舞踊《ぶよう》)はやがて、大きな様式に二分されるようになります。唐と林邑起源のものが左方《さほう》(唐楽《とうがく》)として、朝鮮半島と渤海起源のものが右方《うほう》(高麗楽)として整理されます。この二分法は、第一点で挙げた多様な儀礼の実施を容易にしたと考えられます。

第三点は、専門の楽人とは別に、貴族たちが自分で音楽を演奏するようになったことです。ここで貴族と呼ぶのは、律令制で決められた高い位をもつ者で、出身の家系を背景に政治に参加する特権と経済的な特権をもつ集団です。彼らも細かく分類されますが、上級の貴族は、天皇が儀礼と執務を行う清涼殿《せいりょうでん》に昇ることを許されるので、殿上人《てんじょうびと》や堂上《とうしょう》と呼ばれます。なお、これを許されない人は地下人《じげにん》として差別されます。

こうした特権をもった貴族の教養に、漢詩を作ること、和歌を詠《よ》むことに加えて、音楽を演奏し、舞を舞うことが加わります。やがて、彼らは舞楽を、舞なしで、器楽合奏として楽しむ演奏法を始めます。それが管弦《かんげん》と呼ばれるものです。これを演奏する場が、天皇や貴族が催《もよお》す「管弦のあそび」「あそび」あるいは「御遊《ぎょゆう》」などと呼ばれるものです。現在伝えられている管弦のレパートリーは、左方の楽《がく》を舞《まい》なしで演奏するものですが、当初は右方の楽でも行ったようです。

貴族の中にも、楽人やすぐれた技術をもつ貴族に習って技を高める人が現れます。例えば、藤原貞敏《ふじわらのさだとし》［八〇七～八六七］は、遣唐使に随行《ずいこう》して、唐で琵琶の曲を学びそれを日本に伝えました。他にも、清和《せいわ》天皇の皇子であった貞保親王《さだやすしんのう》［八七〇～九二四］、そして源博雅《みなもとのひろまさ》［九一八～九八〇］や藤原師長《もろなが》［一一三八～九二］が、雅楽に、あるいは雅楽と声明に優れていた貴族です。彼らは雅楽で伝承されている曲を、楽譜に記しました。

藤原師長は古代から中世にかけての人で、律令制での最高位の太政大臣《だいじょうだいじん》にまでなりましたが、雅楽と天台声明を学び、そのどちらでも重要な楽譜を作りました。このように貴族は雅楽と声明の伝承に大きな役割を果たし、それは明治維新《いしん》まで続きます。

一方、国が必要とする多くの行事で演奏したのは職業的音楽家たちでした。例えば、一〇世紀半ばに施行された延喜式《えんぎしき》は雅楽寮が演奏すべき多くの儀礼を定めています。しかし、同じ頃に、楽所《がくしょ》(がくそ、とも読まれます)と呼ばれる組織が宮中に置かれるようになり、それが律令で決められていた雅楽寮にかわって、必要な音楽実践を担当するようになります。雅楽を必要としてきた奈良と大坂にも楽所が置かれます。各楽所に所属する職業的音楽家の家は楽家《がっけ》と呼ばれて、それぞれ特定の舞や楽器を専門にして、その地位を親が子に伝えました。したがって、楽所に所属する音楽家の地位は、自由な競争で得られるものではなく、楽家に生まれた男子にだけ与えられるものでした。

最後の第四点は中央と地方の交流です。貴族は京都に住みますが、朝廷から、受領《ずりょう》(国司《こくし》)という地方の長官に任命されて、担当する国の祭祀や行政などをにないます。受領の下の役人も都から派遣されます。これらの仕事は実入りがよいので、貴族たちはこのポストを得るために努力し、人事に力がある上級貴族の機嫌を取ることもあります。

ともかく、国司などの派遣が交通網を整備させるとともに、中央と地方の交流を盛んにし、それは音楽にも及びます(一七に詳述)。

（一五）雅楽《ががく》の楽器と合奏

すでに述べたように、雅楽寮では外来の舞楽とともに、日本古来の歌と舞が教習されていました。したがって「雅楽」には、声楽曲と合奏を伴う舞が含まれます。しかし、この節では舞楽の音楽を雅楽として扱いますので、雅楽を日本に現れた最初の合奏音楽ということができます。アジアから導入された頃の雅楽の響きは現在伝承されている響きよりも多様であったようです。のちに述べる篳篥《ひちりき》には低い音域のための大篳篥《おおひちりき》があり、笙《しょう》にも低い音域の竽《う》がありましたし、尺八《しゃくはち》、そして、異なる音高を出す管を束ねたパンパイプの簫《しょう》も使われました。弦楽器も現在よりも多くの種類が使われていました。また、細かく見ると楽器も変化を受けました。笙には鳥のくちばしのような長い管状の吹き口がついていましたが、それが現在のように短くなったのが平安時代のことと考えられます。

ここで、雅楽の音楽的な特徴を、現在の演奏によって説明します。まず、例として、平安時代に唐楽の様式で作られた管弦の曲《越天楽《えてんらく》（越殿楽）》を取り上げます。合奏で多数の楽器を合わせるためには、第一にすべての楽器の音の高さをそろえること、そして第二にすべての楽器を時間的にそろえることが必要です。

まず、現在の管弦で使われる楽器を一覧にしてみます（（　）内は雅楽での総称）。

管楽器（吹物《ふきもの》）：笙《しょう》・篳篥《ひちりき》・竜笛《りゅうてき》
弦楽器（弾物《ひきもの》）：琵琶《びわ》・箏《そう》
打楽器（打物《うちもの》）：鞨鼓《かっこ》・鉦鼓《しょうこ》・太鼓《たいこ》

次にそれぞれの楽器の特徴を記します。

笙は一七本の竹の管を縦に円環《えんかん》状に並べた楽器で、その姿が伝説の鳳凰《ほうおう》という鳥に似ているとして、鳳笙《ほうしょう》とも呼ばれます（図1－2）。一七本の竹管のうち二つの管にはリードがなく、一五本の竹管の下方に金属のリードが付いていて、それが演奏者の息で鳴らされます。それぞれの管に孔が開いていて、それを指で押さえると、リードに空気が伝わって音がでます。息を吹いても吸っても音がでます。また、それぞれの管には名前があり、それらは音高順ではなく、五つまたは六つの管を同時に鳴らす合竹《あいたけ》と呼ばれる和音を作るのに都合がよいように配列されています。そして、合竹の音の組み合わせ方が決まっているのが特徴です。

笙の音量は大きくはありませんが、合奏の中では合竹の響きによって全体を包み込み、そして正確な音を出し続けるのが役割です。また、管一本ずつで音を出す場合もあります。

篳篥は約一八センチの長さの竹の楽器で、指孔《ゆびあな》は表に七つ、裏に二つあります。そこに、蘆舌《ろぜつ》と呼ばれる蘆《あし》のダブル・リードを挿入し、演奏します。小さな楽器ですが、他の楽器よりも大きな音量を出すのが特徴です。篳篥は、約一オクターヴのせまい音域しかもたず、指遣いによって出せる音も限られていますが、指遣いを変えずに息の吹き込み方で音を変える塩梅《えんばい》という奏法で、音高をなめらかに上下させるのが特徴です。

竜笛は約四〇センチの長さの竹製の横笛です。表面は樺《かば》(桜の木の皮)や籐《とう》を巻いて漆《うるし》で固めます。七つの指孔を左手の三本と右手の四本の指の関節のあたりで押さえます。竜笛は、音高を指孔の開閉だけでなく、息によっても微調整できますし、音域が二オクターヴ以上ありますので、下の音域と上の音域を移動して、基本の旋律を装飾することができます。

琵琶は四弦の楽器でしゃもじに似た形の撥《ばち》で弦を弾きます。調弦法《ちょうげんほう》、つまり、四本の弦の音高の決め方は、演奏する曲の調子で決まります。楽器を横に構えますので、空間的に一番上にある弦が一番低い音、一番下にある弦が一番高い音になります。ヴァイオリンと反対に、

図1-2　笙

低い音を出す弦から一、二……と数えるのが、日本の弦楽器の慣習ですが、その最初が琵琶であったのでしょう。琵琶には柱《じゅう》と呼ばれるフレット(横の棒)が棹《さお》に付けられています。柱は開放弦《かいほうげん》(指で弦を押さえずに

奏《ひ》くこと)から半音刻みで四個付けられています。そのため、開放弦と柱によって、一つの弦に五つの音高が、そして四つの弦で二〇の音高が得られます。琵琶を正確に調弦すれば、開放弦や柱の名前で音高を示すことができます。琵琶の音量はそれほど大きくはありませんが、低い弦から高い弦までをかき鳴らす奏法がリズムの区切りを明確にします。

箏は一三本の絹弦《きぬげん》の下に移動可能なブリッジである柱《じ》を立てて音高を決めます。演奏者から一番離れた弦がもっとも低い音で、この弦から一、二、……十と番号で呼び、あとは斗《と》・為《い》・巾《きん》と呼びます。調弦は琵琶と同じように調子によって決定されます。右手の親指・人差し指・中指に爪《つめ》をはめて弦をはじきます。

鞨鼓は両面の太鼓で、左右の手にもつ桴《ばち》で打ち、合奏のリーダーの役割を果たします。

鉦鼓は鼓という字をもっていますが、皮の太鼓ではなく、金属の打楽器で、左右の手にもつ桴で打ちます。

太鼓は両面の太鼓ですが、演奏者の側の面だけを左右の手にもつ桴で打ちます。右手で打つ音の方が左手で打つ音よりも大きな音量を出します。

以上の楽器は左方の雅楽に固有な楽器です。両面を打つ鞨鼓は左方の楽だけで使われ、右方の楽では、同じように横に置きながら右の面だけを打つ三《さん》の鼓《つづみ》が用いられています。鞨鼓・三の鼓・太鼓は、その後の日本で生まれる多様な太鼓の出発点と考えられます。鉦鼓もその後の多くの金属打楽器(鉦《かね》と呼ばれる種類)の出発点です。

左方でも、舞《ぶ》楽《がく》では弦楽器が使われません。また、右方の舞楽では、弦楽器も笙も使われません。

舞楽の際に使われる大《だ》太鼓《だいこ》は、平安時代における左右の二分化の影響で、左方の舞楽用のものは上部に金色の飾りをもち、太鼓の革の模様が三《み》つ巴《どもえ》であるのに対して、右方の舞楽用のものは銀色の飾りをもち、模様が二つ巴で、対照的になっています(本章扉絵は右方の舞楽です)。左右への二分化はまた、左方と右方の演目をセット(番《つがい》)にして上演する習慣を生んだようです。

(一六) 雅楽での音高と時間の合わせ方

次に、こうした楽器による合奏が、音をどのように合わせるのかを考えます。雅楽がアジアから導入された頃は、多くの調子(調)がありましたが、それらがしだいに整理された結果、現在は唐楽で六つの調子、高麗楽では三つの調子が使われています。

雅楽の調子は、使う音高だけでなく、音高の動き方に特徴があります。そのため、西洋音楽の長調や短調と違って、雅楽では調子を異なる高さに移調することができません。例えば、《越《え》天楽《てんらく》》はミを主音とする平調《ひょうじょう》で演奏されることが多いのですが、ラを主音とする黄鐘調《おうしきちょう》でもシを主音とする盤渉調《ばんしきちょう》でも演奏されます。そうすると、主音の高さが違うだけでなく、音の動き方も異なるので、似てはいても、異なる曲のように聴こえます。

もっとも、**楽譜1－3**で挙げた呂と律の音階は、理論上の構成音を音階にしたものです。笙は理論上の構成音に従いますが、篳篥と竜笛は構成音から外れた音も使います。琵琶は、平調・黄鐘調・盤渉調では、ほぼ構成音に一致する音を使いますが、例えば双調《そうじょう》の曲では、音階の二つの音を半音高くします。

このように楽器によって使う音がずれることがありますが、それでも、合奏の基本的な動きは調子の構成音に従いますので、一つの太い旋律線が楽器ごとに微妙に変奏される合奏になると考えることができます。こうした合奏の方法を現代の用語でヘテロフォニーと呼びます。この用語のもともとの意味は「異なる響き」ですが、一つの基本線を少しずつ変えて同時に演奏することを指します。

次に、合奏でどのように時間をそろえるかを考えます。合奏で肝心になるのがリズムです。まず雅楽のリズムには、一定の長さの拍《はく》がないものと、あるものの二種があります。前者のリズム(しばしば自由リズムと呼ばれます)による曲では、演奏者たちは互いに聴きあうことで合奏を作ります。後者のリズムをもつ曲の場合は、演奏者は拍を意識するだけでなく、曲によって決められているリズム型(これを雅楽では拍子《ひょうし》と呼びます)に従って時間をそろえます。

《越天楽》を演奏する調子が決まると、まず、その調子による音取《ねとり》を演奏します。音取とは、演奏する調子の雰囲気を示すための前奏曲で、笙から始まり、篳篥、竜笛が加わっていきますが、拍のないリズムで演奏します。

そして、《越天楽》の部分になると拍が明白になります。この曲のリズムを雅楽の用語で早四拍子《はやよひょうし》と呼びます。西洋音楽的に説明すれば、四拍の小節が四個で一まとまりになったリズムです。

なお、近代の西洋音楽では、拍子は二拍子や三拍子のように一定の周期でくり返されるアクセント（強拍《きょうはく》）と非アクセント（弱拍《じゃくはく》）の組み合わせを指し、リズムはその拍子を前提にした音楽のグループ化を指します。しかし、雅楽では、西洋音楽の小節にあたる単位を「小拍子《こびょうし》」と呼んで、これを組み合わせてグループ化されたリズムを「拍子」と呼び、しかもそれが楽曲の中で反復されることを前提にしています。そのため、ここでは、雅楽の「拍子」をリズム型と呼んでおきます。

合奏の中でこのリズム型を明確に示し続けるのが、鞨鼓、鉦鼓、そして太鼓です。その三つの楽器の関係を**楽譜1－4**として、五線譜ではなく同心円による楽譜で示します。一番細かく音を刻む鞨鼓を同心円の内側に、次に鉦鼓を、そして、外側に太鼓を記します。

どの楽器も右手の桴で出す音を○で、左手の桴の音を●で示し、外側のアラビア数字は早

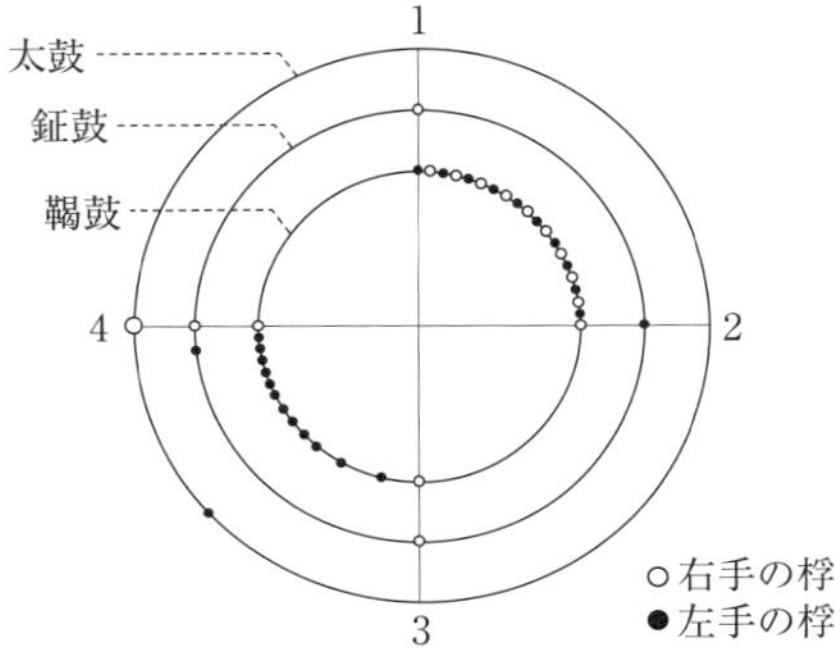

楽譜 1-4　早四拍子のリズム型

四拍子を構成する四つの拍を示します。時計で表現すれば、鞨鼓と鉦鼓は一二時、三時、六時、九時に、このリズム型の四つの拍の頭を打ちます。鉦鼓は九時（四拍目）を目指して、左手と右手でチチンと打って、拍を目立たせます。太鼓は七時半に左手で小さく打ってから、九時に右手で大きく打ちます。したがって、この早四拍子のリズム型は一二時に始まり、アクセントは九時（四拍目）に来ます。そして、これが曲ごとに決められた数だけ反復されます。

なお、曲の後半になると、加拍子《くわえびょうし》といって、三つの楽器の拍を刻む間隔が短くなりますが、楽譜は基本形を示しています。

重要なのは、このリズム型が《越天楽》に固有なのではなく、他の曲でも使われることです。同じことは、他のリズム型にもいえます。つまり、雅楽のそれぞれの曲は、どのようなリズム型で演奏されるかが決められているのです。実際の管弦の演奏では、九時から一二時までの間隔が、一二時から三時までの間隔よりも少し長くなることがあります。しかし、管楽器や弦楽器の演奏者はリズム型をつねに意識していますから、鞨鼓や鉦鼓が九時に打つ音で動きをそろえることができます。こうしたリズム型で合奏を統制する方法は、他のアジアの音楽、例えばインドネシアのガムランにも見られますが、日本では雅楽だけで、後の時代の音楽では使われません。

なお、雅楽の曲には、はっきりした拍子をもたない「序《じょ》」の部分、比較的ゆっくりのテンポでリズム型をもつ「破《は》」の部分、早いテンポでリズム型をもつ「急《きゅう》」の三つの部分で構成されるものがあります。雅楽での序破急とは、一つの曲を三つに区分し、そのテンポをしだいに速くする方法なのです。この言葉が、のちに能楽をはじめ多くの日本音楽に応用されます。そのため現在では、序破急がものごとを三分して理解する方法になっていますが、その起源が雅楽にあることを、記しておきます。

（一七）中央と地方の文化的な交流と歌の役割

最後に、平安時代の音楽の特徴の第四点、中央と地方の交流を扱います。

大仏開眼に関連して記した通り、地域に固有な歌や舞が都で上演されることがありました。しかし、ある地域に生まれた歌や舞が、外来の唐楽の楽器を伴って演奏されるようになるのは、平安時代のことと考えられます。

これらの歌や舞は地域の特徴をもっていたため、古代では風俗《ふぞく》と呼ばれましたが、現在では国風歌舞《くにぶりのうたまい》と総称されて、雅楽の一部になっています。国風の「国」は日本国全体ではなく、日本の中の国(地域)を指します。地域にあったものが、宮中での儀式にふさわしい形に整えられ、それぞれの曲が特定の宮中行事と結びついて演奏されるようになったのです。例えば、それぞれの地域に根差した御神楽《みかぐら》(神楽歌)は一二月恒例の御神楽之儀《みかぐらのぎ》に、東国に由来する東遊《あずまあそび》は春分の日と秋分の日に行われる皇霊祭《こうれいさい》に、五穀豊穣《ごこくほうじょう》を祈る田舞《たまい》に由来する《五節舞《ごせちのまい》》は新嘗祭《にいなめさい》(天皇が新しい穀物を神にすすめ、自らも食べる儀式)や大嘗祭《だいじょうさい》(天皇が即位後に初めて行う新嘗祭)に結びつけられました。

御神楽では、曲によって異なりますが、歌や舞の伴奏に竜笛や高麗笛《こまぶえ》よりも低い音域の神楽笛《かぐらぶえ》、篳篥、和琴《わごん》、そして笏拍子《しゃくびょうし》(二枚の木の板を打ち合わせるもの)が使われます。この中の篳篥は外来の唐楽で使われていたものですから、ここに地方と中央の交流を見ることができます。

この時代に作られ、貴族の間で広く演奏された声楽に催馬楽《さいばら》と朗詠《ろうえい》があります。催馬楽という不思議な名前の由来にはいろいろな解釈がありますが、今は伝承されていない唐楽の《催馬楽》という曲の旋律とリズムに合わせて日本語の歌詞を歌ったものという解釈がその一つです。歌詞には地域との結びつきが目立ちます。歌をリードする人がもつ笏拍子以外は、外来音楽の唐楽の竜笛・篳篥・笙・琵琶・箏が使われました。例えば、《伊勢海《いせのうみ》》という曲ですと、「伊勢の海の」は独唱が拍子のないリズムで歌いますが、その後に続く「清き渚《なぎさ》に」以下の部分は斉唱になり、拍子のあるリズムの中でメリスマ的な歌が楽器の伴奏で歌われます。

朗詠は漢文で書かれた詩文をうたうもので、伴奏には唐楽の篳篥・竜笛・笙の三種が使われます。朗詠での漢文の読み方は声明での漢文の読み方と同じで、漢文をそのまま音読みする場合と、日本語に直して訓読みする場合があります。前者の例が《嘉辰《かしん》》という曲の歌詞「嘉辰令月」を「かしんれいげつ」と歌う場合であり、後者の例が《春過《はるすぎ》》という曲の歌詞「春過夏闌」を「はるすぎ、なつたけぬ」と歌う場合です。

催馬楽も朗詠も現在は広義の雅楽の一つのジャンルとして扱われていますが、現行の催馬楽は中世に歌われなくなったものが江戸時代と明治時代以降に復活されたものですし、現行の朗詠は江戸時代までの伝承をもとに明治以降に復元されたものです。

以上、この章で扱った音楽には、すでに消滅したものがありますが、朝廷や寺社という社会組織と結びついたものは、後代に伝えられていきます。

第二章
中　世

手に鉦《かね》をもって踊る人びと(『一遍上人絵伝』より)

（一）中世という時代

中世は、古代と近世の間の時代で、一一世紀後半から一六世紀後半までの五世紀の長さがあります。中世は、国内的に見ると、政治権力が朝廷によってだけでなく武家によっても担われるようになる時代です。そのため、武家と朝廷の対立、武家同士の対立から内乱が起こりました。

また、国内だけで閉じていた時代ではなく、蒙古《もうこ》の襲来《しゅうらい》が示すように、日本が東アジアの世界に組み込まれていきました。中国の宋《そう》・元《げん》・明《みん》との交流が行われ、文物が到来するだけでなく、新たな仏教や文学が導入され、それが日本の文化を多様にします。律令制《りつりょうせい》による土地の国有がしだいに壊される時期でもあり、貴族や寺社が荘園《しょうえん》を所有し、また、地域を支配する層がしだいに力をもったため、地域に固有の音楽が生まれる時代でもあります。

貴族たちが古代からの音楽の伝承を重視する一方、武家は新しい音楽をつくりました。その代表的な例が、後述する楽器を伴った語り物である「平家《へいけ》」と、日本最初の楽劇《がくげき》である能《のう》と狂言《きょうげん》です。

一五世紀後半の応仁《おうにん》の乱は、足利《あしかが》将軍家と有力大名たちが引き起こした一一年に及ぶ大乱で、京都は戦場となって焼けました。また、荘園や国の土地も地域の勢力によって奪われ、幕府、貴族、寺社などの経済的な基盤が弱まり、それまでの社会制度が大きく変わるきっかけになります。例えば、後に述べる京都の祇園会《ぎおんえ》は、応仁の乱で中断しますと、復活に時間がかかりました。朝廷の雅楽《ががく》もこの乱の影響を受けましたので、乱の後、朝廷(京都)の楽所《がくそ》は奈良(南都《なんと》)と大坂(天王寺)の楽所の協力を得て復興し、またこれら三つの楽所が一緒に演奏する慣習が始まりました。

一六世紀後半は、中世の終わりで、内乱から統一に動く時代です。この時代も多様な音楽が演奏されています。例えば、『平家物語』『義経記《ぎけいき》』『曽我《そが》物語』などの話を、平家をもとにした旋律で鼓《つづみ》に合わせて歌い踊る幸若舞《こうわかまい》は武家に人気があり、織田信長《おだのぶなが》も愛好したことが知られています。

(二) 中世に共通する特徴

まず、中世の音楽を、伝承を守る態度、新しい仏教、勧進《かんじん》、地域の活動、の四点から考えてみましょう。

伝承を守る態度

中世における朝廷と宗教（神道《しんとう》と仏教）の関係も、古代から継続しているものです。仏教では、平安時代に生まれた天台宗《てんだいしゅう》と真言宗《しんごんしゅう》が大きな役割を果たします。朝廷は天台・真言の二つの宗派の代表の決定にかかわるようになります。皇族や貴族の子弟がこれらの宗派の代表になることもあり、また、彼らを受け入れるために特別な寺院が造られることもありました。

仏教と神道の融合《ゆうごう》は古代からみられますが、それを正当化する本地垂迹説《ほんじすいじゃくせつ》が中世になると強くなります。例えば、八幡大菩薩《はちまんだいぼさつ》は、仏教の菩薩が日本の神である八幡神《はちまんじん》の姿をして現れたとするものです。そのため八幡神を僧の姿で表した木彫や画像がつくられます。神仏に祈ることは、神と仏に祈ることで、神か仏のどちらかに祈ることではありません。したがって、寺院の中に神社があることも、神社の中に寺院があることも当然のことです。

仏教音楽の声明《しょうみょう》は、中世が古代から受け継いだものです。宗派、あるいは宗派の中の分派が、それぞれに自分たちが正統と考える声明を伝承し、伝播《でんぱ》するために、楽譜や理論を作ります。一三世紀初めに天台宗で作られた『声明用心集《しょうみょうようじんしゅう》』や、真言宗で作られた『文保本《ぶんぽうぼん》声明集』［一三一八］、『魚山蠆芥集《ぎょさんたいがいしゅう》』［一四九六］のほか、多くの本が作られたのは、自分たちの伝承を守ろうとする意志があったからです。

音楽史の上で興味深いのは、一四七二（文明《ぶんめい》四）年に高野山《こうやさん》から真言声明の楽譜が木版で印刷されたことです。この楽譜は『文明四年声明集』と名付けられ、現在は写真でも見ることができます。日本は印刷技術には長い歴史をもちますが、楽譜が印刷されたのはこれが初めてです。ヨーロッパ最古の印刷楽譜が作られたのが一四七三年か一四七六年とされていますので、この声明の楽譜が現存する世界最古の印刷楽譜と考えられます。

この楽譜から《云何唄《うんがばい》》という曲の最初の一行（**楽譜2－1**）から音の動きを探ってみます。この曲は第一章でも述べたように「云何得長寿《うんがとくちょうじゅ》」（何によって長寿を得られるか）という言葉で始まります。

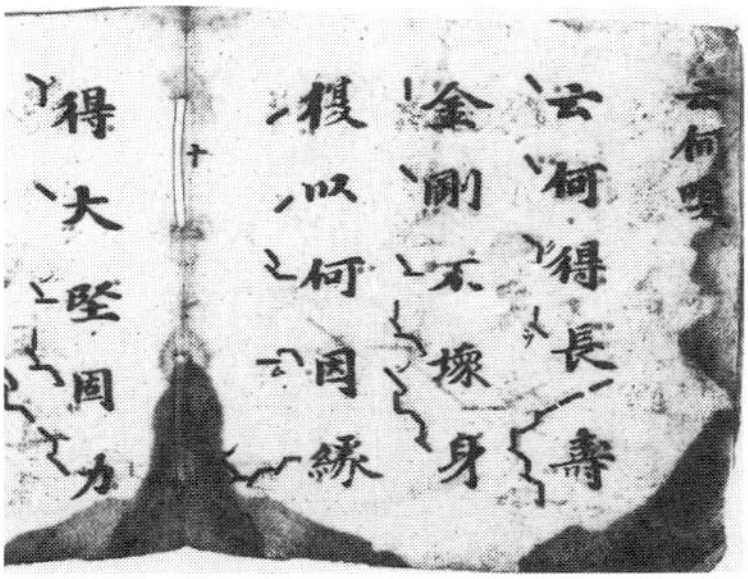

楽譜 2−1　《云何唄》（上野学園大学日本音楽研究所編『日本の印刷楽譜　室町時代篇』勉誠出版，2018 年より）

漢字の左側に記されているマッチ棒のような記号は、一三世紀に考案された声明の記譜法《きふほう》で、宮《きゅう》・商《しょう》・角《かく》・徴《ち》・羽《う》の日本の五音音階（この一行の旋律については**楽譜1－3**の①呂として考えてください）の音を、棒の角度で示すものです。「云」と「何」は徴の音で唱え、「得」は羽の音から徴に進み、「長」は徴から羽に、そして、「寿」にたくさんの音高によるメリスマがついていることがわかります。

この印刷されている楽譜は、基本の動きを示すものです。しかし、伝承の過程で、より細かい動きが工夫されます。それらを記憶するために、より詳細な記譜法も作られていきます。

声明と同じように、雅楽でも、自分たちの伝承を正統と考えて、それを後代に残そうとする態度が生まれます。この目的のために雅楽の伝承者が本を著すのは、中世に盛んになる習慣です。まず、奈良の楽人であった狛近真《こまちかざね》〔一一七七～一二四二〕が『教訓抄《きょうくんしょう》』〔一二三三〕を書いて、舞楽に関する言説などをまとめます。それから約四〇年後に、近真の孫である狛朝葛《ともかず》〔一二四七～一三三二〕が『続教訓抄』を書き始めます。さらに一六世紀になると、京都の楽家である豊原統秋《とよはらむねあき》〔一四五〇～一五二四〕が雅楽全般について記述した『體源鈔《たいげんしょう》』〔一五一一～一二〕を執筆します。著者は書名に「豊原」の二字を「體」と「源」の中に含めましたが、最近は新字体を使って『体源鈔』と記されます。彼は、応仁の乱によって衰微した雅楽と、雅楽を用いる儀礼の記録を残そうとしたのです。

時代は少し前になりますが、文机房隆円《ぶんきぼうりゅうえん》という人が『文机談《ぶんきだん》』という本を一三世紀後半に著しています。自分が習った琵琶《びわ》の伝承を中心に記したものですが、唐で琵琶を学んだ藤原貞敏にまでさかのぼって、自分の伝承を長い歴史の中に位置づけようとしています。ここにも伝承を残そうとする意志が見られます。

新しい仏教

中世には大きな戦乱があり、また、地域や村の間でも土地や水利をめぐっていさかいが起こり、さらに疫病《えきびょう》や飢饉《ききん》も起こりましたので、人びとが神仏に救いを求めるのは自然なことでした。古代の朝廷で大きな役割を担った奈良の仏教や天台宗・真言宗が国家鎮護《ちんご》を主な目的としたのに対して、中世には個人の救済を目指す仏教が生まれ、人びとに受け入れられていきます。

こうした新しい仏教は朝廷や幕府によってしばしば弾圧《だんあつ》されますが、しだいに力を増し、やがて宗派としての形を取って、現在まで続いています。法然《ほうねん》に始まる浄土宗《じょうどしゅう》、親鸞《しんらん》に始まる浄土真宗《じょうどしんしゅう》、一遍《いっぺん》に始まる時宗《じしゅう》では、いずれも「南無阿弥陀仏《なむあみだぶつ》」の念仏を唱えて阿弥陀仏に救いを求めます。また、法華経《ほけきょう》を重視して「南無妙法蓮華経《なむみょうほうれんげきょう》」の題目を唱えることを主張したのが日蓮《にちれん》に始まる法華宗《ほっけしゅう》(日蓮宗)です。

一方、座禅《ざぜん》によって悟《さと》りを開くことを目指す禅宗《ぜんしゅう》は、ともに宋で学んだ栄西《えいさい》の臨済宗《りんざいしゅう》と、道元《どうげん》の曹洞宗《そうとうしゅう》として日本に導入されました。

これらの仏教も儀礼で声明を用います。法然・親鸞・栄西・道元・日蓮が延暦寺《えんりゃくじ》で天台宗を学んでいるため、音楽的にみると、彼らの宗派の声明には天台声明との関連が認められます。

禅宗は、声明に加えて、他の宗派以上に楽器を多く使います。例えば座禅の際に鐘《かね》と太鼓《たいこ》が、また、雲板《うんぱん》(雲の形をした金属製の板)と木板《もっぱん》が鳴らされます。禅宗寺院の食堂《じきどう》には、目をもち口に珠《たま》をくわえた大きな木製の魚が吊《つ》るされ、これが木槌《きづち》で打たれます。昼も夜も目を開けている魚の姿によって、僧侶に修行に励むことを教えるものです。この楽器(仏具)の呼び方は宗派によって違いますが、魚板《ぎょばん》、魚鼓《ぎょく》あるいは梆と書いて「ほう」と呼ばれています。

この楽器から派生したのが球状の木魚《もくぎょ》です。小型のものは木の棒で叩《たた》きますが、一メートルもある大型のものは先端を革や布で包んだ棒で打ちます。これらの楽器は中世に中国から伝えられたようですが、現在でも広く使われています。

中世仏教では身体を激しく使う音楽も生まれました。浄土真宗大谷派《おおたには》で伝承されている坂《ばん》東曲《どうぶし》がその例です。横に並んだ僧侶が、「南無阿弥陀仏」や他のことばの音節を伸ばしながら唱えますが、その際に、各自が正面を向いて唱えるのではなく、音節に合わせて、頭を左・右・正面と下げ、それをくり返します。もし間違えたら、隣の人とぶつかります。この起源についての説明の一つが、親鸞が朝廷によって越後に流された時に、嵐で揺《ゆ》れる舟の中で念仏を唱えたことを模倣したというものです。

阿弥陀如来に救われる喜びを表すために、念仏を唱えながら踊るのが踊念仏《おどりねんぶつ》です。一遍を描いた『一遍上人絵伝《しょうにんえでん》』には、家の中、あるいは、屋外の屋根の付いた空間で人びとの踊っている姿が描かれています(本章扉絵)。これは、宗教心の高まりから始まったもののようです。左手に鉦《かね》をもって踊っている人もいます。絵にはありませんが、彼らは右手には木製の桴《ばち》をもっていたはずです。

『一遍上人絵伝』巻四には、一二七九年に一遍がこの踊念仏を信濃《しなの》の小田切《おだぎり》の里の武士の家で行ったところ、大勢の僧侶や俗人《ぞくじん》が参加したと記されています。この土地は長野県佐久《さく》市にあたり、そのためか、踊念仏が佐久市跡部《あとべ》に現在でも伝えられています。寺の本堂の中に四メートル四方の囲いを作り、その中で、例えば「これはこの世の事ならず、南無阿弥陀仏」と唱え、男性が打つ大小二つの太鼓の音に合わせて、女性群が胸に付けた小さな鉦を打ち鳴らしながら飛び跳ねます。鉦を使って踊る姿が絵に描かれている踊念仏の姿に似ています。

勧進《かんじん》

一二世紀末に鎌倉に幕府ができると、鎌倉と他の地域を結ぶ鎌倉道《かまくらみち》が整備されます。後で述べるように、道を題材にした文芸や音楽が現れるのも中世の特徴です。中世では、往来に不可欠な橋が多くの人びとの協力で架《か》けられました。

こうした協力を主導する人とその行為が、勧進と呼ばれます。勧進の目的は、人びとに信仰を勧め、信仰の表現として、仏像、鐘、あるいは橋などを造ることに協力させることです。人びとは布や米や金銭を提供して、それに応じます。

一一八〇年に、平重衡《たいらのしげひら》が奈良を攻めて焼きました。東大寺の大仏も損傷しました。それを復興したのが、朝廷から初代の東大寺大勧進職《しき》に任命された重源《ちょうげん》です。彼は総責任者として資金や資材を調達し、渡来《とらい》の技術者を集めて、一一八五年に大仏を修復して開眼供養《かいげんくよう》を行いました。この供養も音楽を含む行事ですから、勧進という行為の音楽的重要性を示す例です。

勧進は芸能と直接に結びつくようになります。仏の道を説く説法を行うための勧進で、音楽が演奏されるようになるからです。そうした催《もよお》しに平家を語る琵琶法師《びわほうし》が参加して、人びとに音楽を聴く機会を与えます。やがて、芸能を中心にした勧進も行われるようになります。このように中世では勧進によって、多くの音楽や芸能の活動が盛んになります。

地域の活動

中世では地域の独自性が強くなります。都市もそれぞれ独自性をもつようになり、そこに音楽や芸能が生まれます。京都の八坂《やさか》神社の祇園会《ぎおんえ》は平安時代に始まったとされますが、中世でさらに盛んになり、応仁《おうにん》の乱で中断されましたが、一五〇〇年に再開され、現在に至っています。

外国との交流と国内の海運で発展した博多を代表する祭りが、櫛田《くしだ》神社の博多祇園山笠《やまがさ》です。これも中世に始まったものです。

奈良では、それぞれの寺院での法会《ほうえ》で音楽が伝承されていましたが、一一三六年に春日若《かすがわか》宮祭礼《みやさいれい》という新しい祭りが始まります。一般に「おん祭」と呼ばれる大きな祭りで、現在では毎年一二月一七日の午前零《れい》時から真っ暗の中を春日若宮の神が神殿からお旅所《たびしょ》という仮の神殿に移ります。このとき奉納される音楽は神楽《かぐら》ですが、昼になると、お旅所で、神に幣帛《へいはく》(供え物)を捧げる奉幣《ほうへい》の儀礼があり、その後、神楽のほか、舞楽や能楽などの芸能が奉納されます。

このように、現在行われている祭りの多くに中世からのつながりを見ることができます。

(三) 中世に盛んになった歌

中世の人びとは、古代から伝承された歌に加えて、中世になって新たに作られた歌も歌いましたので、歌が人びとの音楽生活に占める役割が大きくなりました。

第一章で説明した国風歌舞《くにぶりのうたまい》は、中世の朝廷でも伝承されていました。もっとも、国風歌舞の一つ《久米歌《くめうた》》は、中世後期の一五世紀には行われなくなりました。現在演奏されているものは、一九世紀に復興されたものです。若い女性が舞う《五節舞《ごせちのまい》》も中世後期にとだえましたので、現在の伝承は近世に再興され、大正時代に改訂《かいてい》されたものです。催馬楽《さいばら》や朗詠《ろうえい》も中世でも歌われましたが、しだいに歌われなくなりました。

これらの歌とは別に、今様《いまよう》と呼ばれる歌があります。起源は古代にさかのぼりますが、中世で盛んに歌われたので、ここで扱うことにします。今様という言葉は「今の歌」「当世風の歌」を意味し、催馬楽や朗詠よりも新しい様式を指します。

今様に深くかかわったのが、天皇を譲位《じょうい》してから、三四年にわたり上皇《じょうこう》として天皇家を代表し続けた後白河法皇《ごしらかわほうおう》〔一一二七～九二、一一六九年に仏門に入って法皇〕でした。後白河は、朝廷の伝統として雅楽と声明を自ら演奏しましたが、それだけでなく、今様を歌いました。

今様は、遊《あそ》び女《め》たちが歌っていた新様式の歌でしたが、中世では貴族社会にも受け入れられ、朝廷の儀式の後で開かれる宴会に組み込まれるようになります。後白河は一〇代で今様を歌い始め、さまざまな地域の伝承を聴き、美濃国《みののくに》の青墓《あおはか》（現在の岐阜県大垣市《おおがきし》）で遊び女（傀儡女《くぐつめ》）が歌い継いできた伝承を正統なものとみなして、その伝承者から歌を習ったほど今様に熱中しました。みずから『梁塵秘抄《りょうじんひしょう》』と『梁塵秘抄口伝集《くでんしゅう》』をまとめ、今様の歌詞とともに、自分と今様のかかわりを記しました。現在に伝わるのは、両方の本の約二割程度と考えられますが、中世の歌を知る重要な資料です。

なお書名にある「梁塵」とは、梁《うつばり》（柱と柱の上に渡す横木）の上に溜《た》まっている塵《ちり》を指します。美声の持ち主が歌った時に梁の上の塵が舞った、という古代中国の伝説が日本でも知られていたので、後白河はよい歌を集めたという意味で、この言葉を書名に入れ、今様を伝えようとしたのでしょう。

今様は歌詞の点で、それまでの歌と大きく異なっています。まず、使われる言葉は、すぐに意味がわかるものです。漢語も使われていますが、それは漢文としてではなく、日本語の中で用いられる熟語のような表現です。例を挙げてみます。「遊びをせんとや生《う》まれけむ、戯《たわぶ》れせんとや生まれけん、遊ぶ子供の声聞けば、我が身さへこそ動《ゆる》がるれ」は、遊ぶ子供を見ている大人の体が動いてしまうことを歌ったものでしょう。今様の中には、自分の子供への心配や、自分の美しさなど、個人的な感情を歌にしたものも、後白河をはじめ多くの皇族が参詣《さんけい》した熊野《くまの》に結びついたものもあります。

残された本だけでもこうした歌を五〇〇以上含んでいますから、今様には非常に多くの曲があったことでしょう。人びとはその中から自分の好みの歌を選び、また、歌う土地や機会を考えて歌を選び、ときには即興で言葉を替えて、今様を楽しんだようです。

今様の音楽は生きた伝承としては伝わりませんでしたが、雅楽の伝承者が楽譜を残しましたので、それが現代の雅楽の演奏者や研究者によって復元されています。それらを聴きますと、装飾的に音を伸ばす部分があるものの、今様以前の歌に比べると、歌詞のそれぞれの音節に当てはめる音が少ないので、メリスマよりもシラビックに近い部分が多く、そのため歌詞が聴き取りやすいことがわかります。また、今様を歌う際に扇《おうぎ》で拍子《ひょうし》を取り、鼓を使ったことも知られていますので、拍がはっきりしたものもあったと思われます。これらの特徴のために、今様は当時の人びとには当世風の音楽に聴こえたことでしょう。

後白河が今様を歌っていた一二世紀中頃に、早歌《そうが》と呼ばれる新しい声の音楽が生まれます。明空《みょうくう》という僧侶がその中心人物で、一二〇曲以上を集めて本にして、その中に彼が自ら作詞・作曲した歌を多数含めました。早歌は、抒情的《じょじょうてき》な歌詞ではなく、また、物語を語るのでもなく、物事を集めて示す叙事的《じょじてき》な歌詞をもちます。歌詞に選ばれたのは、季節や月や雪、あるいは、海道や山や酒などで、それぞれに関連する言葉が列挙されるため、詞章《ししょう》が長くなります。

例えば、《酒》では、酒の効能、酒を歌った詩、酒に関係する雅楽や催馬楽の曲名、そして、酒好きで知られる中国の文人《ぶんじん》が挙げられていますので、ここから作者の音楽と故事に関する知識の広さがわかります。

一四世紀末に早歌の楽譜が作られましたので、それによって当時の演奏を推定することができます。早歌は、一定の拍で一音節を一音で歌うシラビックな歌だったと考えられています。基本的に単旋律の独唱と斉唱《せいしょう》で歌われ、扇で拍子が取られたようです。

早歌は中世の終わりには演奏されなくなりますが、関連のあるものを列挙する早歌の作り方は、のちの日本音楽に受け継がれます。

最後に、中世末の一五一八年に成立した歌謡集『閑吟集《かんぎんしゅう》』に触れておきます。題名の「閑吟」は静かに歌うという意味です。この本に収められた大量の歌は、主として諸国で歌われていた短い歌（小歌《こうた》）です。

まず、短い歌の例に「木幡山路《こわたやまじ》に行き暮れて、月を伏見《ふしみ》の草枕《くさまくら》」があります。これは京都から伏見あたりの木幡の山路を通るうちに日が暮れたことを歌い、「臥《ふ》して見る」を伏見にかけています。どんな旋律であったかはもはやわかりません。しかし、狂言の《靭猿《うつぼざる》》の中でも、また、近世初期の三味線組歌（次章参照）の《揺上《ゆりかん》》でも同じ歌詞が歌われていますので、よく知られた歌であったと思われます。

一方、長めの歌では早歌に似た列挙の方法が見られます。例えば、《海道下《かいどうくだ》り》は、「おもしろの海道下りや、何と語るとつきせじ、鴨川白川《かもがわしらかわ》うち渡り」と京都の風景を描いてから、近江《おうみ》（滋賀県）を通って美濃《みの》（岐阜県）に入り、「伊吹颪《いぶきおろし》のはげしきに、不破《ふわ》の関守《せきもり》戸ざさぬ御代《みよ》ぞめでたき」で終わります。この歌もよく知られていたようで、この本から一世紀半後に出版された『糸竹初心集《しちくしょしんしゅう》』に同じ歌詞が三味線《しゃみせん》・箏《こと》・一節切《ひとよぎり》（小型の尺八）の楽譜とともに記されています（なお、箏という字は、ソウともコトとも読まれます。箏《そう》と琴《きん》はもともと別の種類の楽器なのですが、近世以降は箏に琴の字を当てることもあります。箏曲はつねにソウキョクと読まれますが、箏の字が単独で使われると、近世以降はコトと読むことが多くなります。以下の章でも、二つの読み方が使われています)。

この楽譜が『閑吟集』の時代の旋律をどこまで伝えているのかは不明ですが、これらの楽譜から推定すれば、この歌がメリスマではなく、シラビックに調子よく進んでいくものであったようです。

『閑吟集』は一六世紀初めの人びとの音楽生活を伝える重要な資料です。

(四) 日本最初の語り物——平家《へいけ》

中世の初め、一〇六〇年頃に書かれたとされる『新猿楽記《しんさるがくき》』という本があります。著者は学問で朝廷に仕えていた藤原明衡《ふじわらのあきひら》とされています。この本は、「二十年以上、京でいろいろなものを見てきたが、本日の猿楽ほど素晴らしいものはなかった」と始まり、多くの芸能に言及し、その中で、僧侶の姿をして琵琶をもった音楽家にも触れています。彼らは目に障がいのある人たちで、一般に琵琶法師《びわほうし》と呼ばれました。彼らは、持ち運びが容易な琵琶を使って、弾きながら歌ったのです。

こうした琵琶の弾き語りから生まれたのが、『平家物語』を琵琶で語る音楽で、中世から江戸時代までは「平家」と呼ばれていました。最近では、氏族名としての平家と区別するために、また音楽であることを示すために、「平曲《へいきょく》」という用語も使われますが、本書では「平家」という伝統的な用語を用います。

『平家物語』は平清盛《きよもり》を中心に、平氏が力を得た過程、清盛時代の栄華、そして、その後の滅亡《めつぼう》までを描いたものです。この物語の基本的な部分は一三世紀に、つまり、平氏を滅《ほろ》ぼした源氏の幕府ができてから成立したと考えられています。成立の背景には、滅びた人たちが怨霊《おんりょう》となって人びとを苦しめないように、霊を慰《なぐさ》める目的があったのでしょう。

この物語は早い時期から琵琶を伴った語りによって伝播《でんぱ》しました。これが音楽としての平家です。だれがこの音楽を創作したかについての記録はありません。吉田兼好《よしだけんこう》が一三一〇年頃から書いた『徒然草《つれづれぐさ》』には、信濃《しなの》の国司《こくし》であった行長《ゆきなが》という人物が天台宗の延暦寺で庇護《ひご》されていた時期に、詞章《ししょう》と音楽を作り、それを生仏《しょうぶつ》という音楽家に語らせたと記されていますが、真偽のほどはわかりません。

実際に音楽を作ったのは、おそらく寺院から保護を受けていた琵琶法師たちだったのでしょう。彼らは、雅楽で使う琵琶を弾き、天台宗の伝統的な声明、それに、当時盛んに作られていた仏教音楽の講式《こうしき》(節《ふし》をつけて釈迦《しゃか》や高僧の物語を語る声明の一種)を知っていました。そのため、平家の言葉遣い、音の動かし方にこうした音楽の影響があります。

平家は一四世紀から一五世紀にかけて、茶道や連歌《れんが》の集まりなど、多様な場で演奏されたようです。演奏した音楽家たちは目が見えなかったため、平家を口頭《こうとう》で覚え、楽譜は作りませんでしたが、一四世紀に活躍した覚一《かくいち》は平家の詞章を記録させました。ここにも伝承を守るという意志が感じられます。

時代は下りますが、近世では、平家が江戸幕府の正式な儀式音楽に指定され、平家の演奏者は組織を作って伝承を強調するようになります。一方、晴眼者《せいがんしゃ》の知識人(儒学者《じゅがくしゃ》や文人《ぶんじん》など)がアマチュアとして平家を愛好するようになると、楽譜が整えられます。以下に、中世の音楽としての平家の特徴を述べますが、そのためには近世の文献や楽譜、そして近世から続く現在の伝承も参考にします。

『平家物語』は長い物語ですが、多数の段からできています。段は、まとまりのある話を語るため、多くの言葉を必要とします。近世になると三味線と声で物語を演奏する音楽が盛んに作られ、現在これらが「語《かた》り物《もの》」と総称されますが、その最初のジャンルが平家なのです。なお、近世の多くの語り物では楽器の演奏と語りが分業ですが、平家では一人で琵琶と声のパートを演奏します。

語り物では、一つの段を語るのに長い時間がかかります。例えば『平家物語』の冒頭にある「祇園精舎《ぎおんしょうじゃ》の鐘《かね》の声《こえ》、諸行無常《しょぎょうむじょう》の響《ひび》きあり」を仮名《かな》で記すと二九文字になります。これを普通に読むのには一〇秒あれば十分です。

平家として、この文章を演奏するために何秒必要かを考えてみましょう。実は、この文章で始まる段は、難しい段(秘曲《ひきょく》)として大切にされたために、演奏の伝承は早くに失われました。そこで、琵琶音楽の研究者・薦田《こもだ》治子《はるこ》が一九九〇年代になってこの曲を江戸時代の楽譜から復元しました。それを聞くと、この短い文章だけで七分(四二〇秒)以上かかります。すべての文章をこのようにゆっくり語ると、聴いている方は物語の筋を追っていくことができません。そこで、平家では、長い話を語るために、次の方法が使われています。

一　**メリスマとシラビックの使い分け**　第一章で説明したように、メリスマは歌詞の一音節を多くの音(同じ音高の場合は発音し直した音)で歌う方法で、シラビックは歌詞の一音節を一つの音で歌う方法です。平家では、筋を説明して、話を速く進める場面ではシラビックが使われ、美しい情景を描写する場面ではメリスマが使われます。

二　**語り方の定型化**　平家では語り方に定型(現代の用語で曲節《きょくせつ》)があります。約四〇の曲節を、異なる詞章に当てはめます。

三　**音高の組織化**　平家の声のパートは、**楽譜2－2**にあるような五つの音高(基礎音)によって、組織化されています。これらの音高は曲全体でよく使われるだけでなく、旋律

楽譜 2-2　平家の五つの基礎音（薦田治子『平家の音楽――当道の伝統』第一書房，2003 年より）

の骨格とまとまりを作る役割をもっています。なお、楽譜では一番低い音高をシとしましたが、語る人に合わせて変えることができます。琵琶の調弦も完全四度とオクターヴが基本なので、声の基礎音と一致します。

四　音程の組織化　基礎音の使い方にも定型があります。筋を説明するような場合は、普通の語り方に近く、一つの基礎音を中心に語られますが、段の中心的な場面や抒情的な場面では、使われる基礎音が増え、また、歌のように、基礎音以外の多くの音高も使われます。

五　音域の組織化　平家の音域は二オクターヴ半にわたります。声明の影響を受けて、音域を低い方から初重《しょじゅう》・中音《ちゅうおん》・三重《さんじゅう》と呼んで使い分けしています。また、これらの音域での語り方が、それぞれ曲節の名前になっています。

六　リズムの組織化　拍子は平家のどの曲節にもありません。そのため、リズムは言葉の区切りによって演者が作るものです。それでも、メリスマとシラビックの違いから、リズムに変化が生まれます。

七　琵琶の役割　演奏者は声を出す前に、琵琶を弾いて、声の基礎となる音を出します。

原則として、琵琶を弾きながら声を出すことはありません。琵琶の役割は声の曲節に、前奏、短い合の手《あいて》、長めの間奏、そして、後奏を提供することにあります。平家の琵琶は、四個の柱《じゅう》(フレット)をもつ雅楽の琵琶にもう一つを加えて、五個の柱をもつようにしたものです。そのため、雅楽の琵琶よりも音域が広くなっています。

八　曲節の共有とつなぎ合わせ　平家の曲節は、一つの曲に固有ではなく、平家全体で共有されるものです。曲節がつなぎ合わされて段落を作り、段落がつなぎ合わされて一つの段を作ります。こうした音楽の作り方は、平家よりも後に生まれる能楽や、近世の多くの語り物に影響を与えています。

(五)　日本最初の楽劇《がくげき》――能楽《のうがく》

能楽の成立

能楽とは能と狂言をまとめて呼ぶための言葉です。現在でもこの二つのジャンルを上演する専門家の団体は能楽協会の名称を使っています。そこで、本書では、能と狂言をまとめて呼ぶときには能楽を使い、それぞれを扱うときは能、狂言といいます。

一つの物語が、言葉、音楽、舞踊《ぶよう》、そして、それにふさわしい舞台、装置、衣装・(必要な場合は)面も使って演じられる上演芸術を、音楽学者の横道萬里雄《よこみちまりお》〔一九一六～二〇一二は

「楽劇《がくげき》」と呼びました。これによれば、能楽は日本の最初の楽劇となります。

日本では古代から音楽も舞踊もありましたが、それらが一つの楽劇にまとめられることはありませんでした。それに対して、能楽には一つの物語があり、それによって、音楽・舞踊・衣装など、すべての要素が有機的に組み合わされます。

先に引用した『新猿楽記』から、当時の人びと(すくなくとも京都の人びと)が実に多くの種類の上演芸術を楽しんでいたことがわかります。猿楽《さるがく》と呼ばれていた芸能もその一つです。この猿楽という言葉は、奈良時代に唐《とう》から移入された散楽《さんがく》に由来すると考えられています。

これは雅楽の舞楽とは異なり、曲芸や奇術などの要素を含むものでした。散楽は初期には宮廷の行事でも演じられ、国家から保護を受けましたが、しだいに民間の伝承が中心になり、滑稽《こっけい》な内容をもつ笑いの芸能に変化しました。古代末期には散楽の発音がなまって猿楽と呼ばれるようになります。猿楽の演者たちは、各地で座と呼ばれる集団を作って、特定の寺社の庇護《ひご》を受けて活動していました。

奈良の興福寺《こうふくじ》に所属していた大和《やまと》猿楽の座の一つで活動していた観阿弥《かんあみ》［一三三三〜八四］が、一四世紀後半に室町幕府の将軍・足利義満《あしかがよしみつ》の愛顧《あいこ》を受けて京都に出て活動を始め、猿楽を改革します。観阿弥が行った改革をまとめると次のようになります。

一　物まねを中心にした大和の猿楽に、田楽《でんがく》(もともとは稲作《いなさく》にかかわる芸能ですが、この時期では、専門の人たちが太鼓・笛などの楽器をにぎやかに鳴らしながら踊るものでした)のもつ舞の要素を加えたこと。
二　近江《おうみ》の猿楽の座がもっていた優美な要素を加えたこと。
三　曲舞《くせまい》(鼓に合わせて拍を取りながら歌うジャンル)から、拍子のあるリズムを取り入れたこと。

その結果、観阿弥の猿楽では、一つの作品の中に、力強さと優美さの対比、拍・拍子のあるリズムと拍・拍子のないリズムの対比、言葉を中心とした謡《うたい》と言葉のない舞踊との対比が現れることになります。

こうして、新しい猿楽である「能」が生まれました。一方、猿楽の笑いを中心とする部分は、「狂言」として独立し、能と狂言の両者は密接な関係をもちながら進んでいきます。

能と狂言が分離される前の姿を残している作品があります。それが現在でも神聖なものとされている《翁《おきな》》です。古くは《式三番《しきさんばん》》と呼ばれ、一三世紀から大和猿楽によって神前で演じられてきました。もともとは翁・父尉《ちちのじょう》・三番猿楽(あるいは三番三《さんばそう》)という三人の老人が順々に舞うものでしたが、時代によって変化し、父尉が若い千歳《せんざい》に代わって、千歳・翁・三番三が順々に祝言を述べて舞う形になり、それが現在に続いています。これを演じるのは、シテ方・狂言方《きょうげんかた》・囃子方《はやしかた》(後述)です。笛と大鼓《おおつづみ》は一人ですが、小鼓《こつづみ》奏者が、通常の能と異なり、三人であることが特徴です。

観阿弥の座を引き継いで能をさらに進めたのが、息子の世阿弥《ぜあみ》[一三六三?〜一四四三?]です。世阿弥は、若い時に貴族や武家から庇護《ひご》を受け、日本と中国の古典を学び、和歌にも連歌《れんが》にも熟達して、その教養をもって言葉を選んで台本を作りました。題材として、『平家物語』や日本の各地で伝承された物語を使いましたが、常に作品全体の構造を考え、その物語を音楽と舞踊による楽劇として構成しました。

世阿弥が作った能の定型の一つは、全体を二つの場に分けることです。その典型的な流れは次のようなものです。物語の前半(前場《まえば》)で、旅人が名所旧跡《めいしょきゅうせき》を訪ねると、土地の人が出てきて、その土地にまつわる物語を語ってから、自分がその物語の人物(霊)であると言って消えます。後半(後場《のちば》)で、この人物が生前《せいぜん》の姿で現れて、昔のことを語り、その劇の核心となる出来事を舞で示し、夜明けとともに消えていきます。前場の頂点が声の音楽で作られ、後場の頂点が舞で作られますが、劇は一人の人物にかかわる出来事によって統一されますので、どの部分も緊密な関係に置かれます。

世阿弥の作品では、播磨《はりま》(現在の兵庫県)と摂津《せっつ》(現在の大阪府)にかかわる住吉明神《すみよしみょうじん》を題材にした《高砂《たかさご》》、若くして死んだ平敦盛《あつもり》と敦盛を討ってから出家した熊谷直実《くまがいなおざね》を題材にした《敦盛》などが、この作り方の典型です。夢や幻《まぼろし》のような筋書きをもつ作品なので、二〇世紀に入ると、こうした能が「夢幻能《むげんのう》」と呼ばれるようになります。

一方、夢幻能と対照的な性格をもつ能は「現在能」と呼ばれるようになります。こちらは、現実世界の人間による出来事を描くもので、源　義経《みなもとのよしつね》と武蔵坊弁慶《むさしぼうべんけい》ほかの主従が、加賀の安宅《あたか》の関を通過することを描いた《安宅》がその例です。なお、近世には、この作品を基礎にした歌舞伎《かぶき》の《勧進帳《かんじんちょう》》が作られます。

世阿弥は、物語の作者として優れた作品を残すだけでなく、自ら役者として演じるとともに、音楽と舞踊を作り、そして総合的な芸術監督として座の活動を盛んにしました。彼はまた、能のあるべき姿を長年にわたって考え、それを次の世代に伝えるために『風姿花伝《ふうしかでん》』ほか、約二〇の著作を記しました。世阿弥は『風姿花伝』で、役者が守るべき心得《こころえ》、役者の育て方、舞台に登場する女性・老人・神などの演じ方、作品の構成法、観客を魅了する方法など、楽劇にとっての重要な問題を扱い、能の魅力を比喩《ひゆ》的に「花」と呼んで、その重要性を強調しています。

彼の最初の著作である『風姿花伝』の一部が書かれたのが一四〇〇年で、晩年の著作も一五世紀前半に書かれていますので、世界的に見ても早い時代に書かれた優れた上演芸術論といえます。そのため、彼の著作は外国語に翻訳されて、海外の演劇関係者にも影響を与えてきました。

世阿弥の基本方針は続く世代に受け継がれ、多くの作品が作られました。作られた作品数の確定は困難ですが、現在に二五〇ほどが残されています。成立年代がはっきりしないもの、また、作者がわからないものもありますが、観阿弥と世阿弥の作品だけでなく、世阿弥の息子の観世《かんぜ》元雅《もとまさ》〔一四〇〇頃～一四三二〕、女婿《むすめむこ》の金春禅竹《こんぱるぜんちく》〔一四〇五～七〇頃〕、甥《おい》の子の観世信光《のぶみつ》〔一四五〇～一五一六〕たちの作品も伝えられています。禅竹と信光は、題材を日本からだけでなく中国からも取っています。

能は武家政権がパトロンとなって盛んにした楽劇ですが、十五、六世紀になると朝廷でも上演され、また、文化に関心をもつ領主のいる地域に拡がっていきます。北陸、中国、九州では、京都の猿楽だけでなく、近江、越前《えちぜん》、若狭《わかさ》などで伝承されていた猿楽が保護されました。

時代を先取りしますが、豊臣秀吉《とよとみひでよし》は自分の居所である京都の聚楽第《じゅらくだい》や伏見《ふしみ》城においてだけでなく、宮中でも能楽を上演させました。能楽師たちに生活の保障を与えた秀吉の方針が、徳川幕府に受け継がれていきます（第三章を参照）。

現在の能楽が上演される空間と上演者

楽劇としての能楽は、能楽に固有な舞台を必要とします。そして、舞台の構造と音楽の構造が密接に結びついていますので、音楽の前に舞台を説明しておきます。

現在、能と狂言のための建物は能楽堂《のうがくどう》と呼ばれます。その中にあって、能と狂言が上演される舞台は単に能舞台《のうぶたい》と呼ばれます。近世までは、能舞台は独立した建物で、観客は別の建物や屋外にいましたが、明治以降、能舞台も観客席も大きな建物の中に組み込まれるようになります。

さて、能舞台全体（図2－1）は白木造《しらきづく》りです。舞台に上がる演者は、白足袋《しろたび》か黄色の足袋をはきます。

能舞台の中心になるのが、正方形の床をもつ①本舞台《ほんぶたい》で、たんに舞台とも呼ばれます。本舞台の右側に張り出した部分が②地謡座《じうたいざ》と呼ばれます。ここに後述する地謡が座ります。本舞台の奥には、アト座とも③横板《よこいた》とも呼ばれる部分があり、そこに囃子方《はやしかた》が座ります。この横板の左側に斜めについている長い廊下のようなものが④橋掛《はしがか》リです。その奥にあるのが、⑤揚《あ》ゲ幕《まく》です。この幕から演者が現れ、橋掛リを通って、本舞台や横板へ進み、再びこの幕へと戻ります。横板の奥の右側についているのが⑥切戸口《きりどぐち》で、地謡がここを使って出入りします。

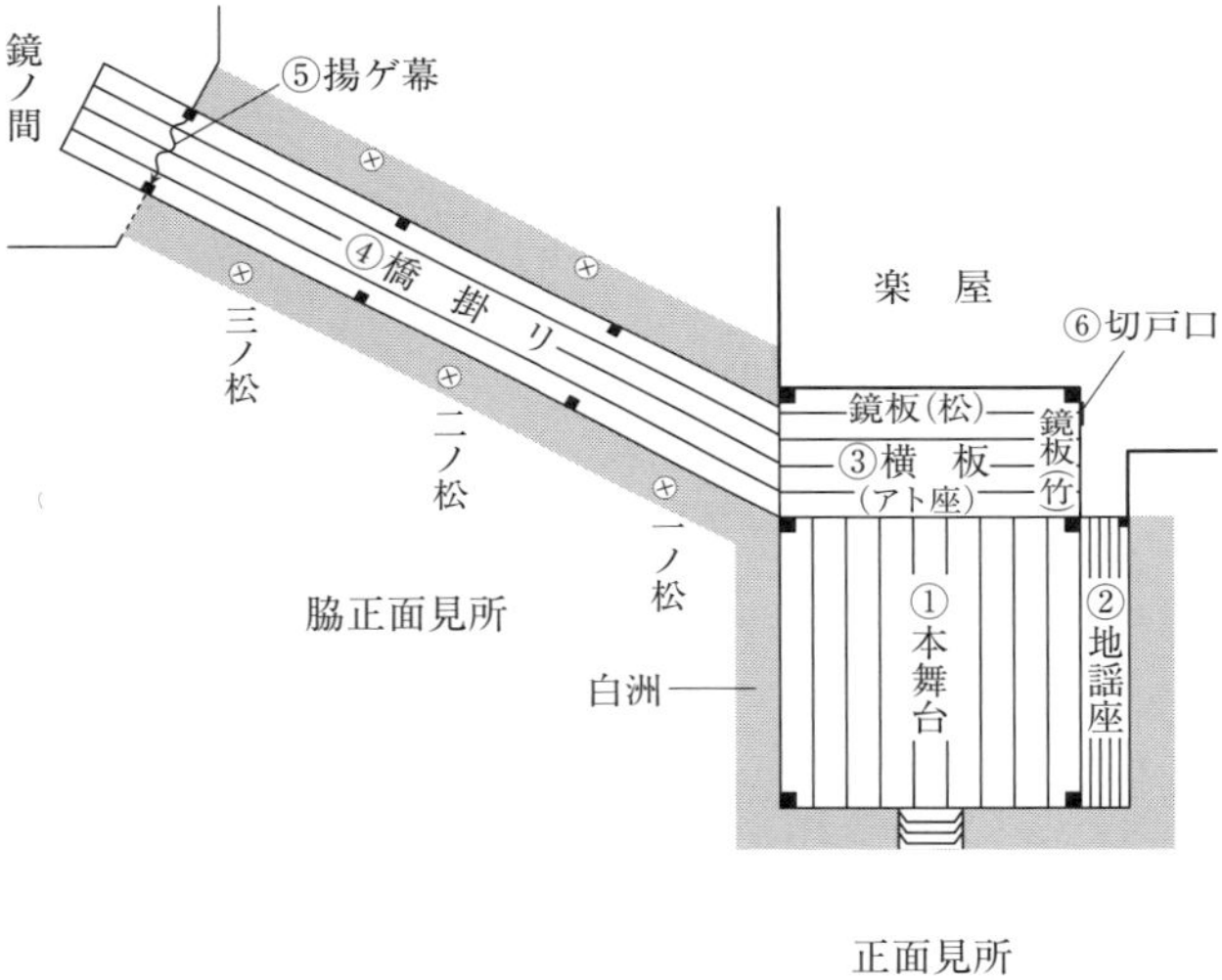

図 2-1　能舞台（小林責ほか編『能楽大事典』平凡社, 2012 年より改変）

能舞台のまわりには、白い小石を敷いた空間があります。それが白洲《しらす》で、観客と舞台を仕切る役割を果たします。白洲の外側が観客席ですが、能楽堂ではこれを見所《けんしょ》と呼びます。

能舞台にはもともと壁がありませんでしたが、一六世紀からは横板の後ろと右側には板壁が付けられるようになります。これらの壁は、板の継ぎ目がないように作られた鏡板《かがみいた》で、舞台の正面の壁には大きな老松《おいまつ》が描かれ、右側の壁には若竹《わかたけ》が描かれています。これらの絵はそれぞれの能舞台によって異なり、演目によって変えるものではありません。松も竹もめでたいものとして選ばれたのでしょう。近世に造られた能舞台には、松と竹に梅を加えた鏡板をもつものもあります。

このような構造をもつ能舞台で能楽を上演する専門職が能役者で、近代以降は能楽師《のうがくし》と呼ばれ、シテ方《かた》・ワキ方《かた》・狂言方・囃子方の四種に大別されています。これからの説明でも使いますので、これらの専門職の特徴をまとめておきます。

シテ方　一曲の中心となる役割であるシテ（主役）を演じ、原則として面をつけ、謡をうたい、舞を舞います。

ワキ方　シテに物語や舞をうながす役割であるワキ（相手役）を演じ、面はつけません。

狂言方　狂言を演じ、能の中では、間狂言《あいきょうげん》という部分で、アイという役として物語の背景ほかを語ります。

囃子方　笛方《ふえかた》、小鼓方《こつづみかた》、大鼓方《おおつづみかた》、太鼓方《たいこかた》に分かれ、それぞれの楽器は一人で演奏されます。笛・小鼓・大鼓はどの作品でも演奏されますが、太鼓は神・鬼《おに》・仙人《せんにん》などの人間ではないものが現れる作品だけで演奏されます。

これらの専門は、それぞれ流派を作っています。現在のシテ方の流派に観世《かんぜ》・宝生《ほうしょう》・金《こん》春《ぱる》・金剛《こんごう》・喜多《きた》があります。ワキ方・狂言方、そして、囃子方のそれぞれにも複数の流派があります。

なお、舞台には地謡《じうたい》と呼ばれる合唱（人数は時代によって増減がありますが、通常は八人前後）が座ります。初期の能では、地謡はワキ方の担当でしたが、近世後期からはシテ方の担当になり、それが現在に続いています。地謡は、登場人物がうたう内容とは違って、ト書き風の説明や情景描写を行う点に特色があります。

能の音楽的性格

楽劇としての能の魅力が、衣装や抽象的な装置などの視覚に訴える部分にも、また、舞にもあることはいうまでもありません。しかし、ここでは、その音楽的な性格を中心に考えましょう。

能の音楽的な魅力を知るためには、能楽のために作られた能楽堂で鑑賞することが必要です。確かに、最近の録音・録画技術は非常に優れたものですが、それでも、非常に小さな音から大きな音まで使う能の音量変化の幅や、音が出てくる場所を知ることは、録音・録画からはまだ難しいようです。

一例を挙げれば、能の演目が始まる前に、聴き手にとっての左側、橋掛リの奥から、音が聴こえてきます。これは、笛・小鼓・大鼓による〈調《しら》べ〉という短い音楽です。太鼓の入る演目では、太鼓もこの演奏に加わります。観客から見えない空間から聴こえてくるのが、〈調べ〉の音楽的な性格なのです。

また、謡と楽器の響きの魅力も、それらが出てくる空間上の位置と大きく関係しています。舞台の中央から聴こえてくるシテの声と、観客の右側から聴こえてくる地謡の声の対比も、能楽堂に座っていなければ、よくわからないでしょう。楽器についても、演者がもつ笛・小鼓・大鼓の音量と、能舞台の床に響く太鼓の音量の違いも、能楽堂で聴けばはっきりします。能楽堂は、こうした音量の違い、そして、音色の違いを明らかにする装置なのです。

さて、能には、他の楽劇と同様、異なる役割をもつ多数の演者が参加します。能が指揮者なしで上演できるのは、能が一つの音楽様式で統一されていて、演者が互いに他の演者のやっていることをよく了解しているからです。その了解をさらに助けているのが、能楽の場面がいくつかの種類に分類され、それぞれの場面での演技と音楽の特徴が決められていることです。

能では作品を構成する部分が細かく分類され、それらは個々の作品を超えて、区分として共通の特徴をもっています。人物が登場する際に笛・小鼓・大鼓が〈次第《しだい》〉や〈一声《いっせい》〉といった囃子を演奏し、そして登場した人物が〈次第〉〈サシ〉〈下歌《さげうた》〉〈上歌《あげうた》〉をうたうのが、その例です。これらは、言葉の構成法(例えば、七・五の言葉とその反復)、声域(高い・低い)、旋律型、そしてリズムのあり方によって区別されています。

もちろん能作品は、ワキの登場、シテの登場、ワキとシテの対応というように、演劇的な要素によって「段」と呼ばれる大きな単位に分けられます。しかし、それぞれの段には音楽的な性格の異なる複数の区分が含まれますので、音楽を考えるときには、段ではなく、この区分を単位にして考えます。現在こうした区分は小段《しょうだん》と呼ばれていますが、その存在自体は古くから意識されていたようで、世阿弥の能楽論、例えば、能の作り方を記した『三道《さんどう》』に小段にあたるものがいくつか記されています。

これまで述べてきたことをまとめますと、能楽は一つの音楽様式で作られ、しかも作品を構成する小段ごとに様式の運用規則が決まっていることになります。次に、能楽の音楽的性格を、一　音色《ねいろ》の組織化、二　音高の組織化、三　リズムのあり方とパートの関係、の三項目でまとめることにします。

一　**音色の組織化**　どの音楽でも音色は大切ですが、能楽では声と楽器の音色が音楽様式を決定する上で重要な役割を果たしています。能の声のパートは謡《うたい》と呼ばれますが、それを担当するのが、舞台で演技や舞を行う立方《たちかた》(シテ方・ワキ方・狂言方が担当)と、右に述べた地謡です。

まず、謡の発声は西洋音楽の多くの発声法とは異なっています。それは、あごを引き付けて舌のねもとを奥に引き、のどぼとけを下げるように行う、と説明されています。この発声法から生まれる声の音色がなければ、謡になりません。

それだけでなく、世阿弥の時代から、発声に「横の声《おう》」と「豎の声《しゅ》」という二つの型が区別されています。「豎」は「横」の反意語でタテの意味で、横が太くてどっしりした声をさすのに対して、豎は細くて柔らかい声をさします。この二つの声を一人が使い分けるのが謡の特徴です。これとは別に、世阿弥は「祝言《しゅうげん》の声」と「亡憶《ぼうおく》(望憶《ぼうおく》)の声」という区別も指摘しています。これは詞章の内容にかかわるもので、前者はめでたさを歌うための明るい声を、後者は物のあわれを歌うための柔らかく優しい声を指します。

音色と音楽構造の深いかかわりは楽器にも認められます。能で使われる小鼓は、中をくり抜いた砂時計形の木製の胴に二枚の馬の革を張ったものです。二枚の革は「調緒《しらべお》」(略して、しらべ)と呼ばれる麻《あさ》の紐《ひも》でつながれます。演奏者は左手の指と手の平でしらべを握って、楽器を右肩の上に保って、右手の指で革を打ちます。しらべの握り方と打ち方によって、音の高低と音色の変化が生じます。

その結果、次の四つの基本的な音色が生まれます。「低くて大きい音」「低くて小さい音」「高くて大きい音」「高くて小さい音」。これらの四つの音はそれぞれ「乙《おつ》・程《ほど》・頭《かしら》・甲《かん》」と呼ばれますが、これらの音色を言葉に移した「ポ・プ・タ・チ」の略称も使われます。なお、「高い・低い」という表現は、相対的なものと考えてください。

もう一つの鼓である大鼓《おおつづみ》は、演奏者が左のひざに置いて右手で打ちます。響きは次の三種です。大きく響く音の頭《かしら》(略称はチョン)、小さく響く音の甲《かん》(ツ)、そして、響かないようにした音の乙《おつ》(ドン)です。これらは、音量だけでなく、音色も違って聴こえます。同じ鼓でも、大鼓と小鼓とは響きが異なり、両者が組み合わされて、多様な響きが生まれます。

曲によって使われる太鼓は、鼓と違って、二本の桴《ばち》で打たれます。革の響かせ方と押さえ方で音色と音量が変化します。

音色が重要であることは、能楽の笛(他の笛と区別する時は能管《のうかん》と呼びます)にも当てはまります。笛は見たところも、長さの点でも、指孔《ゆびあな》が七つある点でも、雅楽の竜笛に似ていますが、作り方と出てくる音が違っています。

その作り方での重要な工夫が、息を吹き込む歌口《うたぐち》と指孔の間に細い竹(喉《のど》)を入れて、この部分の内径を小さくすることです。竜笛や近世の篠笛《しのぶえ》では同じ指遣いのままで吹き方を変えることで、その音のオクターヴ上の音を出すことができるのに対し、能管では出てくる音高がオクターヴ上の音よりも低くなります。このしかけは、音の高さをそろえることよりも、独特の響きを作るために考案されたのでしょう。能管の基準の音高と音程は、それぞれ微妙に異なっています。しかし、複数の能管が一緒に演奏されることはありませんので、問題は起こりません。

二　音高の組織化

能の謡と楽器が独自の音色をもつことを述べました。楽器だけで演奏される囃子のパターンも、後に述べるように、音色の区別によって構成されています。それとともに、謡では音高の組織化が重要です。謡は言葉とフシに大別されます。前者は科白《せりふ》や会話で使われ、独特の抑揚《よくよう》によって様式化されています。後者ははっきり決まった音程に従って歌われます。

すでに世阿弥が声を「祝言」と「亡臆」に分けたことを記しましたが、この区別がおそらく元になって、フシにも二つのうたい方が生まれました。それが「ツヨ吟《ぎん》」と「ヨワ吟」と呼ばれるものです。

まず、ヨワ吟を見てみます。謡では基準の音高が固定していませんが、楽譜2－3では、能楽の用語で下音《げおん》と呼ばれる一番低い音をシで示します。この音と、その四度上の音(中音《ちゅうおん》)、さらにその四度上の音(上音《じょうおん》)の三つの音が旋律の骨格を作りますので、白い音符で示しました。このように、音高が組織化されているのです。

流派によって多少は異なりますが、ヨワ吟で使われる音高組織には六個の音高(楽譜

楽譜 2–3　ヨワ吟の音高組織

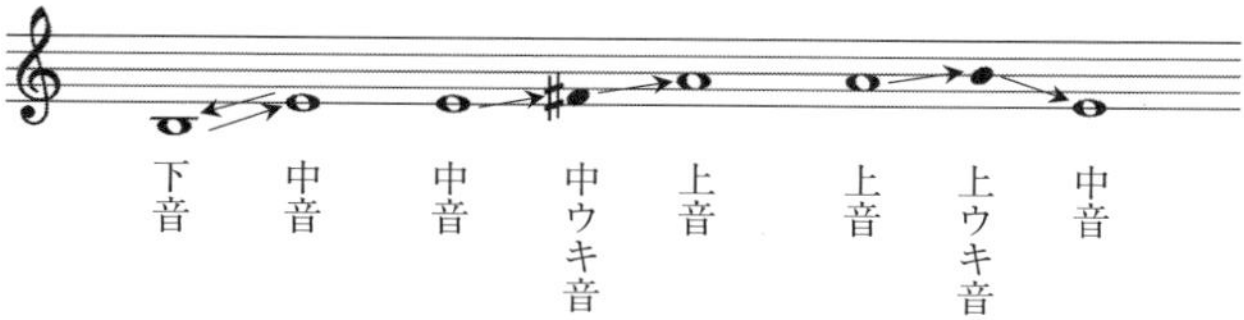

楽譜 2–4　ヨワ吟での音の運用規則

2－3)があります。しかし、それらを自由に組み合わせることはできず、運用のための規則(楽譜2－4)に従わなければなりません。例えば、下音と中音の間は直接行き来することができますが、中音から上音に行く場合は中ウキ音を通らなければならず、上音から中音に行く場合は上ウキ音に上がってから中音に下がらなければなりません。

　こうした音の運用規則が、ヨワ吟の様式を作っているのです。なお、クリ音というのは最高音の意味です。

　広い音域を動くヨワ吟に較《くら》べると、ツヨ吟はもっとせまい音域で動きます(楽譜2－5)。研究者たちは、初期にはヨワ吟と同じ音高組織をもっていたツヨ吟が、近世に音程が圧縮されて、現在の状態になったと考えています。その結果、下音と下ノ中音、そして、中音と上音は、演奏者には意

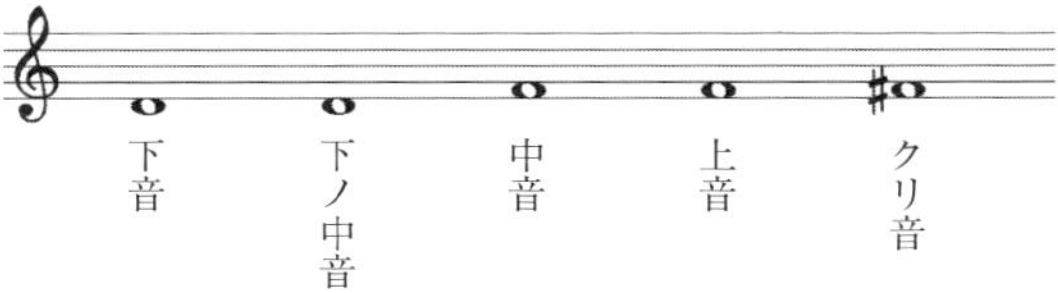

楽譜 2–5　ツヨ吟の音高組織

識されても、聴こえる音高としては同じになっています。

また、ツヨ吟の謡では、ヨワ吟の謡よりもヴィブラートが強くかけられ、息の強さが重視されますので、音程を捉えるのが難しくなります。それがヨワ吟と異なるツヨ吟の特徴ですが、これも音高を組織化する意図の現れです。

三　リズムのあり方とパートの関係　能楽では、雅楽から借用された「拍子」という用語が、リズム構造を説明するために使われています。能楽の拍子は、一定の間隔をもつ拍と、拍を組み合わせたリズム型の二つを意味します。そして、能楽は、この拍子という用語を用いて、謡のリズムを二つに大別します。「拍子不合《ひょうしあわず》」と「拍子合《ひょうしあい》」です。前者は文章を棒読みにする場合や、メリスマ的に歌う場合に使われるリズムです。これを「リズムがない」と考えてはならず、拍子不合というリズムがあると考えるべきです。後者は、拍を前提にしたリズム型に従う場合を指します。

拍子合のリズムでは、拍の数が八個のものが基本です。八個の拍を単位とするリズム（本地《ほんじ》と呼ばれます）を例にしますと、一定の文字数を八拍に収める方法の違いから、次の三種類のリズム型がノリと呼ばれて区別されます。どの演目でも平《ひら》ノリは使われますが、他の二つは演目によって使われないことがあります

大《おお》ノリ　一拍に一字を当てるもので、八字で作られた一句が基準です。

中《ちゅう》ノリ　一拍に二字を当てることを原則にしたもので、八拍の中に八字の句が二つ入ります。

平ノリ　もっとも頻繁《ひんぱん》に使われる形で、七五調の一二文字を八拍に当てはめるものです。

楽器も多様なリズムを作ります。三種の打楽器は、謡や笛の拍子に合わせないようにして打つ方法と、合わせて打つ方法を区別しています。前者がアシライ打チ、後者が合《あわ》セ打《う》チです。それぞれの打楽器には、多くは八拍を単位にしたリズム型（手組《てぐみ》）があります。

重要なのは、リズム型が、打楽器のアタック音（粒《つぶ》と呼ばれます）と打楽器奏者の掛け声（ヤ、ハ、ヨーイなど）によって構成されていることです。掛け声は、粒の種類（音色や音量）を示すとともに、リズム型における粒の場所を示す役割をもっています。手組の数については、小鼓で一七〇、大鼓で二〇〇、太鼓で一〇〇程度あるとされています。

このように多くのリズム型の中から、使うべきものが、作品の中の小段ごとに規定されているのです。

なお、笛についても、拍を明確に示すように吹く合セ吹キと、拍を示さないように吹くアシライ吹キ、の区別があります。謡に合わせる時はアシライ吹キが使われます。音高についてみると、笛は、謡の動きに似た輪郭《りんかく》を示しても、謡の音高に精密に合わせることはしません。その結果、二つの独立したパートの組み合わせが生まれます。一方、合セ吹キの笛は、旋律を聴かせるよりも、一つずつの音をはっきりさせて、リズム楽器として働きます。

以上、能におけるリズムを、ノリやリズム型によって説明しました。これによって、能楽が、複雑に規定されたリズムと、詳細に規定されたパートをもつことは明らかです。

しかし、忘れてならないのは、演奏者がこうした規定を実現するために、創意工夫によって、音色と音量を考え、そして、拍の間隔を微妙に変化させていることです。これが、能を生き生きとした伝統にしているのです。

狂言の音楽性

能とともに能楽を構成しているのが狂言です。さきに引用した『新猿楽記』の中に記されている猿楽《東人初京上《あずまうどのういきょうのぼり》》という演目は、初めて京に来た東国《とうごく》の人を笑いにしたものですから、初期の猿楽が笑いを含んでいたことを示しています。しかし、すでに記したように、観阿弥・世阿弥が作りあげた能では笑いの要素が必要とされなくなります。

そこで、狂言を専門にしていた人たちは、能の中でアイの役割を果たすだけでなく、自分たちだけで上演できる狂言を作ったのでしょう。その結果、歌舞《かぶ》を中心にした能と科白劇《せりふげき》の性格が強い狂言とが、交互に上演されるものとして、相補う関係で発展しました。

古語・漢語などを含む文体で書かれた能と違って、初期の狂言は当時の言葉で即興的に演じられたため記録が残りませんでした。能とは違って、作者は不明で、一つの作品が次々に改訂されて上演されたことでしょう。それでも、現在上演されている狂言作品が中世の一五世紀後半には演じられていたと考えられています。流派としては大蔵流《おおくらりゅう》が形成され、近世初期に和泉流《いずみりゅう》と鷺流《さぎりゅう》が生まれ、それに伴って、この時期から筋書や詞章が記されるようになり、また詞章も演出も固定されるようになって、それが現在に伝えられていると考えられます。

狂言が上演されるのは能舞台です。狂言では主役がシテ、相手役がアドと呼ばれます。アドは複数いることもあります。同じ流派に属する人が、あるときはシテを、ある時はアドを担当し、シテとアドの役割が同等の作品もありますので、シテとアドの間には能のシテ方・ワキ方のような区別はありません。

狂言は科白《せりふ》が中心になりますが、その科白も音楽なのです。鍛《きた》えられた独特の発声法によって、例えば「これは、このあたりに、すまい、いたすものでござる」という科白を、詞章の区切りの二字目(傍点の部分)を強調することによってリズムを作ります。狂言の謡の部分の音の動きは能のツヨ吟とヨワ吟を使い、そのリズムには能で説明した平ノリ・中ノリ・大ノリを使うなど、その音楽は精緻《せいち》な構造をもっています。また、狂言は作品が作られた時代に流行していた歌と舞を組み入れています。例えば、この章で挙げた《海道下り》がいくつかの狂言の中で歌われます。とくに、酒宴の場での舞や歌に、『閑吟集』に収められた歌が使われています。例えば、狂言《棒縛《ぼうしばり》》で、主人の留守中に太郎冠者《たろうかじゃ》が主人の酒を飲んで歌う《七つに成る子》あるいは《七つ子》は当時のはやり歌《うた》で、この狂言に固有な音楽ではありません。他の狂言の中でも使われますし、その詞章が、近世の歌舞伎踊歌でも、また、三味線組歌《七つ子》でも使われています。こうして引用される多様な歌が狂言の音楽を豊かにしています。

囃子が使われる狂言の作品もあります。笛だけ、笛と小鼓、あるいは笛・小鼓・大鼓、さらにそれに太鼓が入ることもあります。囃子の演奏家は、能の場合のように正面の板壁を背にして横に並ぶことをせず、壁に直角に座って互いに向き合い、掛け声も小さくし、全体の響きを抑えて演奏します。

また、狂言でも面を使う作品があります。神の面、男女の面、鬼の面、さらに子猿《こざる》・狐《きつね》・

狸《たぬき》の面などがあります。能の場合と同じように、面は楽劇としての狂言に魅力を与えています。

以上述べたように、能と狂言は日本最初の楽劇として、のちの楽劇と音楽に大きな影響を与えています。

このように、中世に生まれた音楽のうち、伝承の社会制度をもたないものは演奏されなくなりましたが、社会制度によって保護された平家と能楽は、次の時代に受け継がれていきます。

第三章

近　世

歌舞伎での演奏の様子

（一）近世という時代

この章では「近世」として、一七世紀初頭から明治維新《いしん》が始まるまでのおよそ三〇〇年を扱います。近世には、中世と異なる二つの大きな特徴があります。一つは国内の統一で、もう一つが外国との密接な関係です。

第一の特徴は、一五九〇年の豊臣秀吉《とよとみひでよし》による全国統一と一六〇三年の徳川家康《とくがわいえやす》による江戸幕府の開設によって生まれました。将軍が大名に土地を与え、大名がそれぞれの藩《はん》を支配する幕藩《ばくはん》体制によって、日本が中世よりも強固に統一され、宗教も芸術も、この体制によって制限をうけます。宗教を例とすると、キリスト教の禁止と仏教の重視が全国的に行われました。

第二の特徴は、日本が世界の動きに強く巻き込まれることで、外国との新しい関係が生まれたことです。近世初期にはヨーロッパ諸国が日本と貿易を行い、日本人も海外で活動します。一方、日本は朝鮮《ちょうせん》と琉球《りゅうきゅう》を侵略し、先住していたアイヌ民族の支配も始めます。

本章では、まず近世日本に伝えられた音楽として、琉球の音楽、そしてアイヌの音楽を紹介します。その後で、本土における音楽の主なジャンル、そして、近世日本が交流をしていた国との音楽的な関係を扱います。

（二）琉球の音楽

近世の琉球

九州よりも南に位置する南西諸島《なんせいしょとう》は、北から奄美《あまみ》、沖縄《おきなわ》、宮古《みやこ》、八重山《やえやま》の地域に分けられます。現在の行政区分では、奄美が鹿児島県に、その他が沖縄県に含まれていますが、これらの地域は文化的に共通性が強いので、ここでは「琉球」として一緒に扱います。もちろん、奄美、宮古、八重山にはそれぞれ固有の音楽がありますが、ここでは、近世に日本に伝えられたものとして、琉球の古典的な音楽を扱います。

この地域が一つの王国として統一されたのは一五世紀初めです。首里《しゅり》の王府《おうふ》が地域を支配しました。王は中国に朝貢《ちょうこう》し、王としての承認を受け、暦《こよみ》を中国から得て、その年号を使いました。そして一五世紀後半になると、王国は中国だけでなく、日本や朝鮮とも貿易を行います。

江戸時代初頭の一六〇九年に、薩摩《さつま》藩が幕府の許可を得て、琉球王国を武力で征服します。奄美は薩摩に直接支配されることになりますが、幕府は、他の地域を琉球王国として、日本と中国の両方と公式の関係を維持させました。そのため、琉球王国は中国と日本の双方に属する形を取ることになります。この形は明治維新まで続きました。維新の廃藩置県《はいはんちけん》によって薩摩藩が消滅《しょうめつ》すると、明治政府は琉球を藩として日本に取り込み、さらに、一八七九(明治一二)年に琉球藩を廃止して沖縄県にしました。こうして、王国は消滅し、日本の一部にされました。

琉球王国は江戸幕府との間に外交的な儀礼を行いました。新しい将軍が決まると琉球国王はその祝いに慶賀使《けいがし》を送り、また、琉球の王が中国から承認されると、幕府に謝恩使《しゃおんし》を送ります。どちらも琉球の人にとっては「江戸立《た》ち(江戸上《のぼ》り)」が必要です。

幕府も薩摩藩も、国内に対して琉球を外国として示すために、使節に中国風の装束《しょうぞく》で江戸立ちをすることを要請《ようせい》します。使節が日本で演奏する音楽にも主として中国音楽が選ばれます。例えば、徳川家宣《いえのぶ》[在職一七〇九〜一二]が将軍についた際の一七一〇年慶賀使の記録には、使節が江戸城の中で路次楽《るじがく》を演奏したので、その様子を見ようと人びとが群がったと記されています。

琉球への中国音楽の影響

琉球は中国から音楽を導入しました。その音楽は宮廷《きゅうてい》音楽として、宮殿の中で演奏され、また、国王が外出する際にも演奏されました。前者が御座楽《うざがく》、後者が路次楽と呼ばれたものです。

御座楽を演奏するのは、職業的な音楽家ではなく、高位の武士階級の子弟です。そこで、江戸立ちが決まると、江戸に派遣される若者が音楽を学びます。一方、路次楽は低い階級の成人した武士によって演奏されました。彼らが演奏した楽器には、今日の琉球では使われない琵琶《びわ》、月琴《げっきん》(フレットの付いた弦楽器《げんがっき》、**図3－3参照**)、タブルリード楽器の哨吶《さない》などが含まれています。

儒教《じゅきょう》の儀礼が重視された琉球では、国王や使節の外出に際して音楽が演奏されます。そのため、江戸に行く道中でも琉球の使節は路次楽を演奏し、それが本土の人びとに印象を与えます。なお、御座楽も路次楽も伝承がとだえましたが、残された図像、文献、楽譜から、復元が試みられています。

中国から導入された楽器で、琉球にとって最も重要になったのが琉球で三線《さんしん》と呼ばれる弦楽器です。中国では大型の楽器であった三弦《さんげん》が、琉球で小型にされ、三線と呼ばれるようになったと考えられます。中国の三弦は庶民《しょみん》の楽器でしたが、琉球の三線は武士階級の男性の楽器として高い地位を与えられました。三線には、器楽曲もありますが、主な役割は歌の伴奏をすることです。そのため、歌いながら演奏する曲を歌三線《うたさんしん》と呼びます。

楽器全体が本土の三味線に似ていますが、より小型で、長さは八〇センチ程度、棹《さお》に黒《くろ》

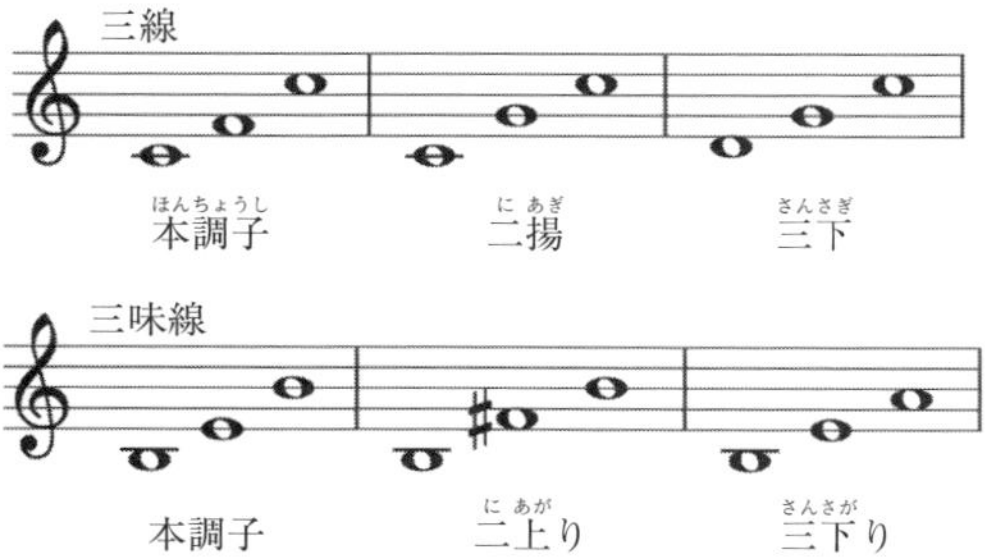

楽譜 3-1　三線と三味線の調弦

漆《うるし》を塗るのが基本のようです。胴《どう》には外国から輸入されたニシキヘビの皮が張られます。撥《ばち》は使わず、動物の角《つの》でつくった爪《つめ》を右手の人差し指にはめて演奏します（奄美では爪ではなく、竹ひご、あるいは鼈甲《べっこう》の細長い棒が使われます）。

三線の左手技法で三味線と異なるのは、小指でも弦を押さえることです。三線の弦は、低い音（太い弦）から、男弦《うーじる》、中弦《なかじる》、女弦《みーじる》と呼ばれます。**楽譜3-1**に示すように、調弦《ちょうげん》には本調子《ほんちょうし》（下から四度と五度）、二揚《にあぎ》（下から五度と四度）、三下《さんさぎ》（下から四度と四度）があります。楽譜では本調子と二揚の男弦をドで記しましたが、基準になる音高は場合によって異なります。楽譜には本土の三味線《しゃみせん》（一の糸をシとしました）での調弦の呼び方も併記します。琉球の古典では、曲ごとに調弦が決まっていて、途中で調弦を変えません。また、二揚の曲では、声は本調子の曲よりも高い音域で歌います。

一八世紀には三線の楽譜が作られました。現在知られている最古の楽譜は、屋嘉比朝寄《やかびちょうき》〔一七一六〜七五〕が編纂《へんさん》したものです。この楽譜は中国の工尺譜《こうしゃくふ》という記譜法《きふほう》を応用して、男弦、中弦、女弦の開放弦《かいほうげん》をそれぞれ合《ごう》・四《し》・工《こう》で示し、そして目的の音を出すために指で押さえる場所(勘所《かんどころ》)に他の文字を当てはめたのです。もともと工尺譜は音高を示す記譜法ですが、琉球では、音高ではなく勘所を示す記譜法になりました。この記譜法は、工工四《くんくんしー》と呼ばれます。

やがて国王も楽譜を作ることを命じ、それが『欽定《きんてい》工工四』として一八六九年に完成します。これは縦書きの楽譜の各行を一定のマス目で区切り、その中に勘所を記すものです。マス目の中の勘所の位置と、次の勘所が記されるまでのマス目の数によって拍の長さを示します。この方式が広く使われ、現在まで続いています。

明治以降になると、歌三線は宮廷音楽から民間の音楽になり、野村流《のむらりゅう》や安富祖流《あふそりゅう》ほかの流派ができて、さらにその中にも演奏家の団体が生まれます。流派や団体は、それぞれに歌三線の楽譜集を出版し、時代が下ると、歌のパートを記すなど、創意工夫が見られます。

歌三線と琉歌《りゅうか》

くり返しますが、歌を伴った三線、あるいは、歌を助ける三線という意味で、歌と三線を組み合わせた音楽が歌三線と呼ばれます。歌三線は演奏者が弾き歌いするものです。一人だけで演奏する場合も、複数で演奏する場合も、弾き歌いをします。三線は声のパートに指針を与えるとともに、三線独自の決まったパターンも弾きます。こうしたパターンや、歌の前に演奏される三線の前奏は、それぞれの曲に固有なのではなく、同じ調弦の曲に共通するものです。

琉球の詩には、一二世紀から一七世紀初めまで歌われていた「おもろ」があります。おもろは旋律《せんりつ》をつけて歌われていたと考えられますが、記録が少ないため実態はわかりません。歌詞と旋律が伝承されているのは、それよりも後の近世に定型化された琉歌を使った歌です。琉球の詩形も多様ですが、音楽とのかかわりで重要なのは、短歌、仲風《なかふう》、長歌形式の口説《くどぅち》です。まず、短歌は琉歌と呼ばれるもので、音節の数が八・八・八・六になるものです。仲風は、音節が七・五・八・六や五・五・八・六などになるものです。これは、琉球と日本の詩形(五音節と七音節が主体)が融合されたものです。口説は日本風に、七・五の音節を続けていくものです。

歌三線の曲で最も有名なのが、《かぎやで風節《ふうぶし》》で、「かじゃでぃふうぶし」と発音されます。歌詞とともに、発音を記す試みの一つを、( )の中に示します。

今日の誇らしゃや、何にぎゃな譬る、莟《つぼみ》で居る花の、露ちゃ逢た如
(きゆぬふくらしゃや、なうにじゃなたてぃる、つぃぶでうるはなぬ、つぃゆちゃたぐとウ)

大意　今日の喜びを何にたとえたらよいでしょう。まるで、花のつぼみが水を得たようです。

この曲は祝賀の曲として、かつては王宮の儀礼で用いられ、現在では、演奏会の最初によく演奏されています。

この曲の三線の前奏も、この曲に固有なのではなく、他の約二〇の曲でも使われます。歌は三線の動きから離れて、歌らしく動きます。歌は歌詞をそのまま歌わずに、くり返し、また、「ヨンナ」「ハリ」などの言葉を挿入し、それぞれの音節の母音《ぼいん》を非常に長く延ばします。こうした母音の延ばし方や、声の出し方が、歌三線の魅力になっています。

《かぎやで風節》の歌詞としては、右に記したものが基本と考えられますが、他の詞章《ししょう》もありますので、演奏家はそれらの中から選びます。同じように、古典的な歌三線はそれぞれの曲に多くの詞章があるので、演奏者は演奏の機会を考えて詞章を選びます。

それに対して、音楽の方は固定しています。このように、固定した旋律に交換可能な詞章を当てはめるのが歌三線の特徴です。琉球の音楽家たちは、古典的な歌三線では伝承に従って音を変えず、自分たちの創作力は他のジャンルで発揮して、バランスを取っているようです。

楽劇《がくげき》としての組踊《くみおどり》

中国は琉球国王に位《くらい》や王冠《おうかん》を授けるために冊封使《さくほうし》を派遣しました。琉球王府は一四〇四年から一八六六年まで二三回、冊封使を迎え、彼らを接待するための演奏会を開きました。その中心の曲目は、琉球の古典的な舞踊《ぶよう》でした。

一八世紀に入ると、冊封使をもてなす演奏会のために、組踊という楽劇が生まれます。これは、短い舞踊を組み合わせたものではなく、能楽のように、全体が一つの筋によって統合される楽劇です。

この形式を考案した玉城朝薫《たまぐすくちょうくん》[一六八四〜一七三四]も武士階級に属する官僚《かんりょう》でした。彼はたびたび本土を訪問し、先に挙げた家宣の時の江戸立ちの一員でもありました。彼は踊奉行《おどりぶぎょう》に任命され、一七一九年に冊封使を接待するためこの楽劇を考案しました。彼の作品として《銘刈子《めかるしー》》《執心鐘入《しゅうしんかねいり》》などの五作品が、現在まで伝承されています。

組踊は、現在は次のような方法で上演されます。ここから、当時の上演の様子も想像できるでしょう。組踊では、登場人物がそれぞれふさわしい衣装で現れ、一定の旋律型を使って科白《せりふ》を語り、歌を歌います。また、彼らが舞台で動作をする際に、音楽家のグループがその場面にふさわしい音楽を演奏します。グループは歌三線を中心に、笛《ふえ》・胡弓《こきゅう》・箏《こと》・太鼓《たいこ》で構成されています。笛は横笛です。胡弓は琉球に固有な種類で、本土の胡弓（後述）と違って、ヤシの殻《から》に蛇《へび》の皮を張ったものです。箏は本土から取り入れたものです。太鼓の奏者は締太鼓《しめだいこ》を正面に置き、革を鋲《びょう》で留めた太鼓をその横に置いて、一人で二つの太鼓を打ちます。組踊の中で使われる曲は、歌三線の曲から場面を考慮して選ばれます。

組踊は、近世では男性によって演じられましたが、近代・現代では、女性によっても演じられます。なお、本土の楽劇が都市から他の地域に拡がったように、組踊も琉球の諸地域に拡がりました。

（三）アイヌ音楽

アイヌは、近世のはるか前から蝦夷《えぞ》（現在の北海道）・樺太《からふと》（現在のサハリン）・千島《ちしま》列島に住んでいた先住民族です。アイヌの人びとは約一三〇〇年前には独自の文化をつくっていたと考えられます。また、彼らのアイヌ語は民族独自の言語です。

アイヌの人びとは異なる地域と自由に、そして活発に、交易《こうえき》を行っていました。しかし、近世になると、豊臣政権と徳川政権から蝦夷の藩主に任命された松前《まつまえ》氏が、こうした交易を制限し、その制限に反対するアイヌの集団を武力で抑えて、しだいにアイヌの人びとに対する支配を強めていきます。

さて、本章で初めてアイヌの音楽を扱うのは、近世とりわけ一八世紀の終わりから、交易や視察のために本土からアイヌの土地を訪れる人が多くなったため、アイヌの人びとの暮らしや音楽が知られるようになったからです。音楽を演奏している図像と音楽に関する記録が、松前藩や幕府の関係者によって記されます。

アイヌ音楽の研究者・谷本一之《たにもとかずゆき》［一九三二〜二〇〇九］は、これらの図像と文書を調べて、その成果を『アイヌ絵を聴く』（北海道大学図書刊行会、二〇〇〇年）という本にまとめました。彼は一七世紀から二〇世紀の資料を使って、アイヌの人びとの音楽活動が本土とは異なっていたことを明らかにしています。

アイヌの人びとは、音楽をつねに日常生活に関係させ、漁業と狩猟《しゅりょう》による生活の無事を祈るために音楽を実践し、そのため、動物を神とみなす見方が人びとの間に共有されています。生活に結びついていた鶴《つる》や狐《きつね》なども音楽や舞踊の題材になります。アイヌの語り物であるユーカラ（英雄神謡《しんよう》）は、自然神（動物神や植物神）が一人称で語るカムイ・ユーカラ（自然神謡）から生まれたと考えられていますので、ここにもアイヌの人びとの音楽生活と自然・動物との関係がうかがえます。

人びとの二種類の歌、座《すわ》り歌（ウポポ）と踊り歌（リムセ）も多くの絵に描かれています。前者は、人びとが円形に座って歌うもので、一人が歌いだすと、次の人が一拍遅れてその歌をくり返して、次々とカノン風に続けていくものです。後者は立って踊りながら歌うもので、独唱と合唱、あるいは二つのグループに分かれて交互に歌うものがあります。

動物との関連で最も重要なのが「熊送《くまおく》り(イヨマンテ)」の儀式で、その図像も多く残されています。これは非常に小さいうちに捕らえた子熊を共同体で大切に育てて大きくしてから殺し、その魂《たましい》を神の国に送り返す儀礼で、類似の儀礼がアムール河流域や樺太の北方民族にも見られるものです。

図 3-1　ムックリ(「明治初期アイヌ風俗図巻」より，部分)

アイヌの楽器で、近世から記述が多いのが口琴《こうきん》です。口琴は世界に広く分布している楽器です。アイヌ文化には竹製の細長いものと、金属製の馬蹄《ばてい》形《けい》の枠をもつものの二種類があります。前者がムックリ(図3-1)で、竹の枠の端を口にくわえ、薄い竹片を紐《ひも》で振動させ、口腔《こうくう》で共鳴させるものです。ムックリは、雨の音、熊の声、木をけずる音などの描写にも使われます。

近世に記述が多いもう一つの楽器が、トンコリです。主として樺太で用いられた弦楽器で、一二〇センチの細長い胴を肩に立てかけて両手で弾きます。弦は五本あって、四度と五度に調弦されていたようです。弦の音高を変えず、開放弦だけを鳴らします。また、シャーマンが使ったとされるカチョーという太鼓が片面なので、カナダやアメリカの北方民族の片面太鼓を思い出させます。

アイヌ音楽での声の使い方、例えば、裏声を混ぜる歌い方、吸う息と吐く息の組み合わせ、あるいは、声帯の振動を伴わずに出す無声音とその振動を伴って出す有声音との組み合わせなども、北方民族に共通する点です。

樺太のアイヌにはレクッカラというジャンルがありました。二人の女性が向かいあって、口を寄せて両手でおおい、互いに呼気・吸気をくり返して、響きを変えながら声を出すものですが、これはカナダのイヌイットの女性が行うカタジャックに類似しています。

このように、近世のアイヌの人びとは、北方の諸民族と共通する要素によって、日本の本土とは異なる独特の音楽文化を形成しました。

（四）日本本土の音楽に共通する特徴

近世の日本では、中世から受け継がれた音楽、近世に生まれた音楽、そして諸外国の音楽が演奏され、聴かれていました。近世以前の音楽が演奏され続けたのは、近世の新しい音楽が、古い音楽を否定せず、むしろそれを取り入れて、敬意を表したからです。これは、俳句をはじめとする近世の文芸が、引用によって過去の文芸とのつながりを示すのと同じ姿勢です。

したがって、近世でも、雅楽《ががく》・声明《しょうみょう》・平家《へいけ》・能楽《のうがく》が演奏され続けます。これらの音楽は、幕府の文化政策によって認められ、幕府・朝廷から社会的・経済的な保護を受けました。まず、中世末期に危機的な状況にあった宮廷の雅楽に対して、豊臣政権と徳川政権が積極的に助成しました。その結果、京都・奈良・大坂における雅楽の専門家の活動が安定しました。関西の寺社、例えば、大坂の四天王寺《してんのうじ》、奈良の春日《かすが》神社、あるいは高野山鎮守社《こうやさんちんじゅしゃ》の丹生都比売《にうつひめ》神社(天野社《あまのしゃ》)の儀礼に定期的に参加するのは、こうした専門家です。

江戸幕府は、一六四二年に京都・奈良・大坂の系統の楽人たちを江戸城に呼び寄せて、幕府の儀礼で演奏させました。伝統のとだえた雅楽曲の復活を考えたのも幕府です。幕府だけでなく、例えば、紀州《きしゅう》の徳川家や彦根《ひこね》の井伊《いい》家も雅楽を保護しました。それらの藩が集めた楽器・楽譜・資料は雅楽への関心の強さを示しています。

なお、雅楽家が自分の伝承を記録する姿勢も、中世から近世に受け継がれています。一七世紀末に安倍季尚《あべすえひさ》［一六二二～一七〇八］が雅楽に関する百科全書的な大著『楽家録《がっかろく》』を執筆したのが、その例です。

また、中世に生まれた仏教を含め、仏教の諸宗派・寺院が、それぞれの声明を近世でも伝承することができたのは、幕府によって経済的な基盤を保障されたためです。そのために、楽譜や理論の整備も行われました。

さらに幕府は、平家を伝承する盲目《もうもく》の男性を当道座《とうどうざ》という組織に属させ、経済的な援助を与えました。彼らは検校《けんぎょう》や勾当《こうとう》などの位を与えられ、位の高低に従って給金を受けました。歴代の徳川将軍が平家を愛好し、とくに三代将軍の徳川家光《いえみつ》は波多野《はたの》検校［一六五一没］と前《まえ》田《だ》検校［一六五六没］を寵愛《ちょうあい》しました。この二人の伝承が、平家の二つの流派、波多野流と前田流を生みます。のちに前田流の荻野《おぎの》検校［一八〇一没］が『平家正節《へいけまぶし》』［一七七六］という楽譜を作りますが、それは文字が読めて楽譜を必要とする平家の愛好家の存在があったからです。

能楽は、幕府が行う儀礼・典礼《てんれい》（例えば、新年や、朝廷から将軍の任命を受ける儀式）で不可欠な要素になりました。能楽が式楽《しきがく》になったのです。そのため、新しい作品を作るよりも、中世から伝承された演目を固定した方法で、あるいは洗練された方法で伝承する傾向が生まれます。シテ方の金春《こんぱる》・金剛《こんごう》・宝生《ほうしょう》・観世《かんぜ》の四座は早くから幕府に保護されます。さらに幕府は北七大夫《きたしちだゆう》［一五八六〜一六五三］を後援して、新しく喜多流《きたりゅう》を名乗らせます。そのため、シテ方は四座と一流となり、それが現在では五流と呼ばれます。能楽師を抱える諸藩もそれぞれの地域での能楽の伝承に貢献しました。

近世の新しい音楽も、幕府と藩の文化政策の対象になりました。政策を施行するため、幕府や藩は、音楽家に一定の権利や保護を与えるための組織をつくり、音楽家をそこに所属させます。例えば、尺八演奏の特権が普化宗《ふけしゅう》に与えられ、平家とともに地歌《じうた》・箏曲《そうきょく》を教える権利が当道座に与えられます。三味線を弾いて歌を歌う盲目《もうもく》の女性（瞽女《ごぜ》）を瞽女屋敷《やしき》に所属させるのは、現在の新潟県にあたる高田《たかだ》藩や長岡《ながおか》藩などの政策です。

また、近世における陸路と水路の発展は、異なる地域への音楽の伝播《でんぱ》を盛んにします。大坂や京都の上方《かみがた》で生まれたジャンルが、江戸や他の地域に拡散しました。現在でも上方や江戸から離れた多くの地域で、雅楽、能楽、歌舞伎《かぶき》、人形芝居《しばい》が伝承されているのは、近世における伝播《でんぱ》の結果です。民謡《みんよう》も同じように伝播しています。

歌舞伎と人形浄瑠璃《にんぎょうじょうるり》の誕生

近世音楽には、それまでの音楽にはない二つの大きな特徴があります。第一は、三味線・箏・胡弓《こきゅう》・尺八など、望みの音程を出せる楽器が広く使われることです。第二は、声と楽器が同時に演奏される音楽が生まれることです。これは、弾き歌いの地歌や箏曲でも、声と楽器が分業の他の三味線音楽でも同じです。

こうして、近世の人びとは、明確な音程で演奏される、声と楽器の組み合わせ、あるいは二つ以上の楽器による合奏のおもしろさに魅了されていきます。このおもしろさを活用したのが、近世の楽劇です。

ところで、日本最初の楽劇は中世に生まれた能楽ですが、近世には新たに二つの楽劇が誕生しました。歌舞伎と人形浄瑠璃です。

歌舞伎は、近世では「かぶき」あるいは「歌舞妓」と書かれ、近代になってから、歌舞伎という表記が定着します。歌舞伎の始まりとされるのが、出雲《いずも》の阿国《おくに》という女性が男装して踊った「かぶき踊《おどり》」です。これは一七世紀初めの京都でのことで、伴奏に三味線を使わない、民俗《みんぞく》芸能的なものであったようです。それがやがて、男性役者による演劇となり、三味線を重要な楽器とするようになります。歌舞伎は、能楽や他の演劇を吸収して、独自の楽劇になりますが、舞楽や能楽と違って式楽にはなりませんので、新しい要素を吸収して変化を続けました。

一方、人形浄瑠璃は、人間の役者ではなく人形を使う演劇です。三味線音楽の浄瑠璃と結びついているので、このように呼ばれます。これらの楽劇が、興行《こうぎょう》として劇場で上演されたのも近世の特徴です。劇場を建てるためには幕府や藩の許可が必要ですが、その担い手は、商人に代表される階級です。劇場では、だれでもお金を払えば楽劇を見ることができ、人気のある演目は長い期間上演されます。一七一五年一一月に大坂の竹本座《たけもとざ》で初演された、人形浄瑠璃の《国性爺《こくせんや》合戦《かっせん》》が一七か月も上演されたのが、その例です。

こうした聴衆の広がりと増加に関係するのが、音楽出版物です。楽劇で演奏される音楽の詞章はすぐに印刷され、それが観客を劇場や稽古《けいこ》に向かわせました。謡《うたい》、地歌《じうた》、箏曲《そうきょく》の詞章を集めた本も印刷されます。これは当時の識字率《しきじりつ》の高さを示しています。

（五）近世の楽器としての三味線

三味線の導入と拡がり

近世に現れた楽器で最も広く使われてきたのが三味線です。これは、永禄《えいろく》年間［一五五八～七〇］に琉球から大坂・堺《さかい》に伝えられたとされる三線を変化させたものです。一世紀もたたないうちに、小型の三線から、大きな三味線になりました。

新しい楽器である三味線を最初に弾いたのは、琵琶で弦をはじくことに慣れていた当道座の音楽家たちで、彼らは三味線で平家を演奏しました。三味線は琵琶の半分以下の重さですから、楽器を構えるのも、運ぶのも、楽になったはずです。

三味線は当時流行していた歌にも使われました。これを示すのが一六六四年に出された『糸竹初心集《しちくしょしんしゅう》』です。これは、三味線にとっての記譜法と楽譜を含む、最初の印刷物です。この本の記譜法は、三本の糸の開放弦といくつかの勘所《かんどころ》（ポジション）に文字を与えて、その文字によって音高と弾き方を示すものです。三本の開放弦のほかに、指で押さえる勘所が、一の糸（一番低い音を出す弦）に一個、二の糸に二個、三の糸に二個あります。音高としては八個ですが、撥《ばち》を下して弾く音と下からすくって弾く音（スクイ）の区別があるため、一六個の文字が使われます。

この本には、《伊勢《いせ》踊り》《海道下《かいどうくだ》り》などの歌が記譜されています。同じ歌詞が狂言や民謡で伝承されていますので、人びとはこうした歌に三味線を付けて歌ったのでしょう。

やがて、三味線に独自の音楽が作られます。これを作ったのが当道座の音楽家たちでした。これ以後、彼らが作曲して演奏した三味線音楽が、地歌と総称されます。

その地歌の最初の曲種《きょくしゅ》（種類）が三味線組歌《くみうた》です。これを作ったのが、当道座で一番高い地位にいた検校たちです。彼らは、狂言で歌われる歌や当時はやっていた歌を組み合わせ、一つの曲にまとめ、技巧的な声と三味線のパートを作りました。演奏者は声と三味線を同時に演奏します。現在でも、野川流《のがわりゅう》と柳川流《やながわりゅう》という流派で、それぞれ、三二曲と六曲の三味線組歌が演奏されています。

組歌の中でもっともよく知られているのが、野川流の《琉球組《りゅうきゅうぐみ》》で、それは「千代《ちよ》も幾《いく》千代も、天に照るツ月は、十五夜が盛り、あの君様は、イヨいつも盛りよノ」と始まり、歌詞の音節数が琉歌との関係を示しています。

『糸竹初心集』での三味線の弾き方は、撥を下ろすのと下からのスクイだけでしたが、三味線組歌では、ハジキという左手で弦をはじく技法も使われます。また、使う音高が、組歌では二〇個以上に増え、開放弦から離れた非常に高い音も、半音離れた勘所も使われるようになります。こうして、三味線という楽器の可能性を引き出した音楽が作られていきます。なお、三味線では早くから本調子《ほんちょうし》(下からシ・ミ・シ)・二上《にあが》り(シ・ファ#《シャープ》・シ)・三下《さんさが》り(シ・ミ・ラ)の三種が基本的な調弦法として使われています。呼び方は少し異なりますが、琉球の三線の調弦法(**楽譜3-1**)と同じ構成です。

その後も、性格の異なる曲種が地歌で作られます。それらは、一つの題材に関連する単語を列挙した長歌《ながうた》(後で述べる江戸の長唄《ながうた》とは別物)、抒情的《じょじょうてき》な歌詞をもつ端歌《はうた》、あるいは、楽器の演奏技巧を聴かせる長い間奏《かんそう》(手事《てごと》)を中心にした手事物《てごともの》などです。古い曲種も新しい曲種とともに伝承され続けます。演奏者が三味線を弾きながら歌うのは地歌のすべての曲種に共通で、これが歌舞伎と人形浄瑠璃の劇場で演奏される三味線音楽のジャンルと異なる点です。

劇場音楽のジャンルも多様ですが、それらの多くは浄瑠璃と総称されます。とくに重要なのが、一六八〇年前後に京都で作られた一中節《いっちゅうぶし》と一六八〇年代に大坂で作られた義太夫節《ぎだゆうぶし》という二つの浄瑠璃です。

一中節は都太夫一中《みやこだゆういっちゅう》[一六五〇～一七二四]が始めた浄瑠璃で、歌舞伎で使われるようになりました。ひかえめな表現を特徴としていた一中節の旋律型を使いながら、もっと大胆な表現を行う豊後節《ぶんごぶし》が一八世紀前半に生まれます。しかし、男女の関係を派手に語る豊後節が幕府によって弾圧されると、豊後節を演奏していた音楽家が、一七四七年に常磐津節《ときわずぶし》と名乗って、格調を高めた様式を始めます。さらに一七四八年に常磐津節から分かれた音楽家が富本《とみもと》節《ぶし》を、さらに富本節から分かれた音楽家が一八一四年に、よりしゃれた様式の清元節《きよもとぶし》を始めます。

これらはみな歌舞伎の音楽で、平家と同様に、物語を語る点に特徴があります。しかし、語り方や三味線の響きに、それぞれ工夫を凝らして、別の音楽様式を作ったのです。現在では一中節と富本節は歌舞伎を離れて演奏会で、常磐津節と清元節は歌舞伎の音楽として演奏されています。なお、豊後節から生まれた新内節《しんないぶし》というジャンルも、演奏会で楽しまれています。

これらのジャンルでは、声と三味線が分業です。語りの太夫《たゆう》と三味線弾きが、それぞれ一人、あるいは複数で演奏します。

一方、大坂で生まれた義太夫節も浄瑠璃の一つで、竹本義太夫《たけもとぎだゆう》[一六五一〜一七一四]が始めたものです。これは歌舞伎ではなく人形芝居のための音楽として始まりました。それはすでに記したように、浄瑠璃と組み合わされた人形芝居なので人形浄瑠璃、のちに文楽《ぶんらく》と呼ばれるようになります。

文楽は、声を使う太夫、三味線弾き、そして、人形遣いの三種の専門による総合的な楽劇です。義太夫節が始まった頃は、一つの人形を一人の人形遣いが動かしましたが、その半世紀後からは、主遣《おもづか》い（人形の頭と右手）・左遣い（人形の左手）・足遣い（人形の足）の三人で動かすようになり、人形遣いの技が洗練されていきます。太夫・三味線弾き・人形遣いに、近世から現代まで多くの名人が現れ、それが楽劇としての文楽を洗練させました。

竹本義太夫は、謡や他の浄瑠璃、民謡などを取り入れて、義太夫節を作りました。義太夫節では、劇中の舞踊や、主人公が旅をする場面を描く道行《みちゆき》は大勢で演奏しますが、基本の形は、太夫一人と三味線弾き一人の組み合わせです。

義太夫節の三味線は棹《さお》が太いので、しばしば太棹《ふとざお》と呼ばれます。糸が太く、駒《こま》（ブリッジ）が重いのも特徴で、これに対応して、重い撥《ばち》が使われます。太夫は、すべての登場人物の科白《せりふ》を含め、すべての詞章を語ります。なお、文楽の演目を取り入れた歌舞伎でも義太夫節が使われますが、登場人物の科白は役者が担当しますので、太夫はその部分は演奏しません。

義太夫節に少し遅れて、一八世紀の初めに重要な三味線音楽が作られました。それが長唄《ながうた》です。江戸の歌舞伎の音楽として発展したジャンルです。最少の基本的な編成は、唄一人と三味線二人の三人ですが、それぞれのパートの人数を多くして一〇人以上にすることもあります。長唄の三味線は義太夫節の三味線に較べると、棹と糸が細く、駒と撥も軽いので、明

る い響きを出します。規則的な拍子を特徴としますので、囃子《はやし》(後述)との合奏が効果的です。誕生した頃の長唄は、歌舞伎の舞踊を伴奏するのが主な役割で、また、地歌との共通点が目立ちましたが、その後は固有の音色を保ちながら、江戸の浄瑠璃、一中節とその系統の浄瑠璃、義太夫節、あるいは謡曲や民謡なども取り入れることによって、変化に富んだ音楽になっていきます。

三味線音楽の構成法

三味線音楽が演奏される場は二つあります。一つは室内(座敷《ざしき》など)、もう一つは劇場です。場の違いは音楽の構成法の違いに対応します。まず、室内楽である地歌では、音がパターンあるいは旋律型にまとめられず、曲ごとに異なる旋律が作曲されます。

一方、劇場音楽としての三味線音楽(浄瑠璃や浄瑠璃的な長唄)は平家と同じように語り物なので、現在の用語で旋律型と呼ばれるパターンがあり、それらのパターンにジャンルごとに名称が付けられています。パターンには二つの種類があります。第一は楽曲の構造に関するもので、曲の開始、曲の終止、あるいはパターンとパターンをつなぐものなどがその代表です。第二は特定の雰囲気や情景を表すものです。悲しみ、怒り、合戦の始まりなどを示すものが代表的です。こうした旋律型の数は、ジャンルによって異なりますが、五〇個程度から

括弧内の全音符は調弦を示す.
ローマ数字は弦を，⌒ はハジキを示す.

楽譜 3–2　長唄の〈序〉

楽譜 3–3　長唄の〈段切れ〉

数百個におよびます。

長唄には、もともとは大薩摩《おおざつま》節《ぶし》という江戸の浄瑠璃から取り入れた旋律型があります。その一つの〈序《じょ》〉(楽譜3－2)は楽曲あるいは曲の中の大きな部分を開始するための旋律型で、そして〈段切《だんぎ》れ〉(楽譜3－3)は、終止のための旋律型です。これらは特定の曲に固有のものではなく、多くの曲で共通の旋律型として使われます。

旋律型は、基本の形で使われることも、微妙に変形された形(ヴァリアントと呼ばれます)で使われることもあります。こうした変形の存在は古い時代から知られています。例えば義太夫節には、旋律型をつなぐ機能をもつ〈つなぎ〉という旋律型がありますが、この旋律型のヴァリアントが、義太夫節の最初の印刷楽譜である『浄瑠理三味線ひとり稽古《げいこ》』〔一七五七、浄瑠理は浄瑠璃の意味〕にすでに記されていますので、ヴァリアントの意識があったことがわかります。

声と楽器を同時に演奏することが日本で一般化するのは、近世の三味線音楽と箏曲からです。三味線や箏は声に対して高さの目安を提供しますが、三味線組歌ですでにそうであったように、声が楽器といつでも一緒に動くわけではありません。声は楽器と異なる音高を出すだけでなく、楽器が出せない半音よりもせまい音程を使ってなめらかに動くこともあります。

たとえ声と三味線がほぼ同じように動くときでも、二つのパートに時間的なずれがあるのがこれらの音楽の特徴です。一般に初心者には楽器に合わせて声を出すことを教えますが、上手になると声を楽器からずらして歌わせます。声と三味線が同じリズムを共有しながらも、芸術的な表現としてずれを作るのです。

三味線音楽でも、声のパートは一つのままにして、楽器のパートを多くすることで、より複雑な響きが作られました。その方法は三つあります。

第一は、ジャンルを問わず使われるもので、もともとの楽器パート(本手《ほんて》)に、替手《かえて》(かえで)というもう一つのパートを加えることです。第二は、上調子《うわぢょうし》という、本手よりも一オクターヴ高い音域のパートを加えることです。このために、三味線の棹《さお》の途中に枷《かせ》という横木を付けて、弦の振動する部分を短くします(ギターのカポタストと同じ方法です)。これは長唄や浄瑠璃の一部で使われますが、地歌や義太夫節では使われません。第三は、囃子《はやし》というアンサンブル（詳しくは後述）を加えることです。これは長唄や浄瑠璃の一部で使われます。囃子の中の笛は声や三味線を旋律的に装飾し、小鼓・大鼓・太鼓ほかは声や三味線のリズム構造を強めるとともに、多様な音色を加えます。

音の動きの共通性

三味線音楽で使われる音高の数はジャンルによって、あるいは、作品の作曲年代によって異なります。一般に、旋律型をもつジャンルは、地歌よりも少ない数の音高を使います。また、三味線音楽は西洋の平均律《へいきんりつ》に基づいていませんので、半音や全音の幅が変化することがあります。例えば、義太夫節では特定の半音の幅をわずかに拡げたりせばめたりすることが、表現手段になっています。

基準の音高は、ほとんどの曲では決められていません。そのため、一つの曲を異なる基準音で演奏することができます。一般に、基準音は、歌う人や語る人の声域を考慮して決められますが、義太夫節の場合、舞踊や道行の場面では高めの基準音が、劇的な場面では低めの基準音が選ばれます。また、劇的な長い曲では、最後の部分で、三味線を全音高くすることもあります。

三味線音楽の音の動きにはジャンルを超えた共通性があります。その共通性を作る基盤になっているのが、サワリという三味線のしかけで、遅くとも一七世紀中頃に考案されました。サワリは、中国・沖縄・ヴェトナムなどの三味線類にはなく、本土の三味線にだけ作られたものです。三本の糸のうち、一番低い音の糸(一の糸)がかすかに棹に触れるようにして、よく響く(サワリがつく)勘所とそうではない勘所が生まれるようにするしかけです。

サワリのついた音は、それがない音に較《くら》べると、豊かな倍音《ばいおん》と、ビーンとかブーンと形容される余韻《よいん》をもちます。

サワリを出す勘所は、開放弦との関係で決められた場所を正確に押さえる必要があります。それに対して、サワリを出さない勘所は、ジャンルによって微妙に音高が異なり、また、一つのジャンル、例えば義太夫節の中でも、目的によって音高が変えられます。

三味線音楽では、ジャンルが異なっていても、基本的な調弦法である本調子・二上り・三下りが使われています。どのジャンルでも開放弦がひんぱんに使われることや、曲を閉じる音高や、フレーズを閉じる音高が共通しています。

そのため、三味線の響きが異なっていても、音の動き方に共通性があります。それは、サワリのある音が、動き方を強く規定しているからです。三味線という楽器が日本化する過程で生まれたサワリというしかけこそが、三味線音楽に共通の性格を与えたのです。

（六）箏曲《そうきょく》・胡弓《こきゅう》・尺八

箏曲の音楽

三味線音楽のほかに、近世に成立して現代まで使われている音楽ジャンルがあります。それが箏曲・胡弓・尺八の音楽です。まず箏曲を考えます。

十三弦の箏《こと》は、雅楽の楽器として中国から日本に伝えられました。その伝統は雅楽の中で現在まで続いています。中世の寺院では、《越天楽《えてんらく》》のような雅楽曲の旋律が、歌詞をつけられ、箏の伴奏で歌われました。この方法で箏の歌を作ったのが、近世初期に久留米《くるめ》（筑紫《つくし》）の善導寺《ぜんどうじ》にいた僧侶《そうりょ》の賢順《けんじゅん》［一五三四？～一六二三？］です。この箏曲は当時の国名を取って筑紫箏《つくしごと》と呼ばれます。

この筑紫箏を変化させ、近世の箏曲を始めたのが、当道座に属していた八橋検校《やつはしけんぎょう》［一六一四～八五］で、彼は、箏のために、箏組歌《ことくみうた》という箏曲の新しい曲種を作りました。なお、箏曲も地歌と同じで、一人で弾きながら歌います。

八橋の箏組歌は、格調の高い歌詞をまとめたもので、一曲に六つの歌があるものが多数を占めます。八橋と同時代の人も後世の音楽家も箏組歌を作っていますが、それらの歌詞は、三味線組歌と違って、『源氏物語』や『伊勢《いせ》物語』、あるいは和歌やその理論書である歌論か

楽譜 3-4　箏の平調子

ら取られていますので、当時の人びとはその中に引用されている人名や故事から、元の話を想像することができたでしょう。

八橋はまた、「段物《だんもの》」と呼ばれる箏の器楽曲を作りました。《六段調《ろくだんのしらべ》》《乱輪舌《みだれりんぜつ》》などで、一七世紀半ばに流行していた旋律を、八橋検校がそれぞれまとめて構成したと考えられます。段物は、曲が段(セクション)に分かれているからこういわれるのですが、これらは「調《しら》べ物《もの》」とも呼ばれます。

八橋は、半音が大切な役割を果たす平調子《ひらぢょうし》という調弦によって、箏に新しい響きを与えました。**楽譜3－4**は一の弦の音高をミとして記したものです。この調弦は地歌の三味線(つまり箏と合わせる三味線で、三弦とも呼ばれます)の音の動きによく合うものです。

一の弦の高さしだいで、他の弦の音高が変わりますが、音がこのように並べば、すべて平調子と呼ばれます。箏の調弦は、箏柱《ことじ》と呼ばれる象牙《ぞうげ》製(現在はプラスティック製も)の移動できる駒(ブリッジ)を動かして行います。八橋以後、現在まで、多様な調弦が考案されています。

演奏に際しては、右手の三本の指(親指、人差指、中指)にはめた象牙の爪で、箏柱の右側を弾きます。絹《きぬ》(最近は化学繊維が中心)を撚《よ》って作られる箏の弦はかなり長いので、左手で箏柱の左側の弦を押して下げることによって、調弦された弦の音を、短二度、長二度、短三度と高くすることができます。これが押し手《おで》という箏の基本奏法で、八橋検校もこれを使っています。時代が下るほど、箏曲では、押し手を使う頻度が高くなっています。

当道座の音楽家たちは、平家のほか、地歌・箏曲も専門にしていましたから、地歌の作品を箏でも演奏しました。例えば、《越後獅子《えちごじし》》という曲が、地歌として、声と三弦のパートで作曲されると、それを箏で演奏することも、三弦と箏で合奏することも行われ、それが現在まで続いています。

こうした作品では、三弦の音の動きを箏にそのまま移す傾向が強いので、二つの楽器が一緒に動いている感じがします。一九世紀初頭には、大坂の市浦《いちうら》検校［生没年不詳］や京都の八重崎《やえざき》検校［一七七六?～一八四八］らが、新しい曲の箏パートを三弦パートとは異なるように作り、合奏がおもしろくなるようにしました。この方式では、三弦と箏を交互に弾いて、フレーズをやり取りする掛け合いや、異なる旋律を重ねることが多くなり、音楽がより複雑になります。また、地歌と同じで、楽器だけの間奏である手事《てごと》に重きを置く箏曲も大量に作曲されました。

こうした箏曲は江戸でも演奏されましたが、その中心地は京都や大坂でした。ところが、江戸に山田検校〔一七五七〜一八一七〕が現れて、それまでとは響きも発想も異なる箏曲を作り始めました。彼も当道座に属していましたので、八橋に始まる箏組歌などの箏曲の基本的な曲種は知っていましたが、三味線組歌や手事物《てごともの》には関心をもっていなかったようです。一方、江戸で育ったため、一中節《いっちゅうぶし》や河東節《かとうぶし》などの浄瑠璃を聴いていました。そこで、山田は、いわば、三味線と声による浄瑠璃を、箏・三弦・声で演奏する、新しい箏曲にしたのです。

例えば、それまでの地歌や箏曲では、楽器を弾きながら声のパートを細かく動かすことが必要でしたが、山田検校は声の動きを細かく規定する代わりに、声に浄瑠璃的なのびやかな動きを与えました。それが、新しさとして人気を呼びました。

近世も終わりに近づくと、箏と三弦の掛け合いや、それらの高度な演奏技法を中心にするのではなく、箏曲が元来もっていた典雅な歌詞とその雰囲気を中心にして、箏だけの作品を作る動きが起こります。京都の光崎《みつざき》検校〔生没年不明、一八二〇年頃活動〕の《秋風《あきかぜ》の曲》や《五段砧《ごだんきぬた》》、あるいは名古屋の吉沢《よしざわ》検校〔一八〇一あるいは一八〇八〜七二〕の《千鳥《ちどり》の曲》や《春の曲》などがその例です。彼らの作品は明治時代の新しい箏曲の成立に影響を与えました。

胡弓《こきゅう》の音楽

胡弓は近世に現れた楽器で、独奏にも、三味線や箏との合奏にも使われました。胡弓は三味線を小さくした楽器で、弦の数も三本です。撥《ばち》でなく馬の毛を張った弓で擦《す》って演奏します。

胡弓の棹《さお》は胴《どう》の下まで伸びていますので、その先端を床に置くか、膝《ひざ》にはさんで、楽器を立てて弾きます(図3−2)。胡弓の長い弓は、毛を強く張らずにゆったりさせたまま、ゆっくり動かします。弾く弦を変える時は、チェロのように弓を回すことはせず、楽器自体を回転させますので、弓の動きはつねに同じ線の上を動きます。

図 3–2　胡弓（演奏：二代富山清琴，©Masaco Kondo）

日本の胡弓は、その漢字の名称のため中国の楽器と思われがちですが、日本で生まれたものです。もっとも、弦を弓で擦るという発想は西アジアから東南アジアに伝えられ、それが沖縄を経由して本土に伝えられたか、あるいは西洋から本土に直接伝えられたのかもしれません。

胡弓は、遅くとも一七世紀には日本で知られていました。最初は大道《だいどう》で芸を披露《ひろう》する人たちが使ったことが、例えば、絵入り事典『人倫訓蒙図彙《じんりんきんもうずい》』［一六九〇］からわかります。それが、当道座の音楽家によって使われるようになりました。八橋も胡弓が上手で、胡弓の弓を長くしたと伝えられています。そして胡弓に固有のレパートリーが作られ、さらに、箏と三味線との合奏で使われるようになります。

これらの異なる三種の楽器の合奏が三曲《さんきょく》あるいは三曲合奏です。箏と三味線は、胡弓に較《くら》べると音が大きいのですが、弦をはじいて出す音がすぐに消えてしまうので、その間を小さくても連続する胡弓の音が埋めます。

一八世紀の半ばに、それまでの三弦の胡弓とは別の、四弦の胡弓が考案されました。三弦胡弓の一番高い音の弦が二本にされたため、響きが豊かになりました。この胡弓は、胡弓本来の曲と、山田流箏曲で用いられます。

胡弓は劇場音楽でも効果的に使われます。文楽では、三味線弾きが胡弓も担当します。歌舞伎には役者が舞台で胡弓を演奏する演目があります。また民俗芸能でも使われ、例えば、富山市八尾《やつお》地区の「おわら風《かぜ》の盆《ぼん》」には欠かせない楽器です。

尺八《しゃくはち》の音楽

尺八という言葉は、もともとは、長さの単位である一尺《しゃく》と八寸《すん》(一寸は一尺の一〇分の一)の長さをもつ縦の笛を指しました。長さの単位は時代と地域によって異なりますから、尺八と呼ばれても、その長さもまちまちです。

尺八と呼ばれる楽器が中国から日本に伝えられたのは、七世紀末から八世紀初めのことでした。奈良の正倉院《しょうそういん》には当時の尺八が八本保存されています。唐《とう》の単位による一尺八寸(四三・七センチ)のものも、それに合わないものもあります。共通しているのは、指孔《ゆびあな》が前面に五個、背面に一個の合計六個あることです。この型の尺八は唐楽《とうがく》の合奏で使われていましたが、一二世紀から使われなくなりました。

中世には一節切《ひとよぎり》と呼ばれる尺八が現れます。この名前は、竹の節《ふし》が一つだけあることによります。指孔は前面に四つ、背面に一つあります。近世になっても使われましたが、一七世紀後半を盛りに、一九世紀初頭には使われなくなりました。

一方、近世には別の尺八が生まれ、それが普及し、現在に至っています。それが普化《ふけ》尺八です。この呼び方は、普化宗で使われたことによります。一般に尺八と呼ばれるものですが、古代の尺八や一節切尺八と区別する必要がある時には、この名前で呼びます。この尺八は、指孔が前面に四つと背面に一つある点は一節切と同じですが、竹の節を一つではなく七つもつのが特徴です。一尺八寸(五四・五センチ)のものだけでなく、それより短くても長くても、すべて尺八と呼ばれます。

さて、尺八を使った普化宗は禅宗《ぜんしゅう》の一派で、中国で唐代に始まったとされます。この宗派は、尺八の演奏を禅の実践と考えました。それが中国に留学した僧侶によって日本に伝えられると、普化宗の寺がまず京都に、それから現在の地名で言えば、千葉県松戸《まつど》市や東京都青梅《おうめ》市に建てられ、しだいに数を増やし、一八世紀後半になると青森から長崎や博多まで七〇以上の寺が造られました。

普化宗に属する僧侶が虚無僧《こむそう》です。彼らは宗派の教えに従って、托鉢《たくはつ》や寺院の中での法要を、尺八を吹いて行います。普化宗にとって尺八を吹くことは宗教行為であったので、この宗派に属さない人が尺八を演奏することを禁止し、宗派に属する人に対しては、尺八を歌の伴奏や箏や三味線との合奏などの音楽活動に使うことを禁止しました。

普化宗で形成されたレパートリーは、尺八のために作られた本来の曲という意味で、本曲《ほんきょく》と呼ばれます。人びとの旅行が制限されていた近世にあっても、虚無僧は比較的自由に日本国内を移動できたため、その音楽が発生した土地から他の土地に伝わりました。

本曲は、もともとは「一寺一律《いちじいちりつ》」といって、それぞれの寺に固有の吹き方と固有の旋律があったようです。そのためか、現在でも、同じ名前の曲が異なる演奏法で伝承されています。

こうした状況の中で、一八世紀中頃に、邦楽の他のジャンルのように一つの流派を作って、レパートリーを固定する動きが起こります。初世黒澤琴古《しょせいくろさわきんこ》[一七一〇～七一]は、江戸で普化宗の中心的な指導者になりましたが、他の地域の伝承も集めて、それらを約三〇曲のレパートリーにまとめました。彼自身が流派を名乗ったわけではありませんが、その後継者が自分

楽譜 3–5　尺八の基本音高

たちの音楽様式を琴古流《きんこりゅう》と呼び、それが今日まで続いています。尺八は師匠から弟子に口頭で教えられました。三味線音楽や箏曲と違って歌詞がないため、楽曲が印刷されませんでした。しかし、記憶のために楽曲を記す必要はありました。そこで、指孔とその組み合わせで音高を示す記譜法が作られ、その原理が今でも使われています。

次に指孔の組み合わせで作られる尺八の基本的な音高を見てみましょう（**楽譜3－5**）。ロ・ツなどは現行の呼び方です。この楽譜では一尺八寸の長さの尺八を使うとして、西洋の音名で説明していきましょう。この場合、すべての指孔を閉じて出す音がレになります。この楽譜にある音の中で重要なのが、それぞれ四度の関係にあるレとソ、そして、ソとドです。尺八の音楽では、これらの四度間隔の音が旋律の骨組みを作ります。

尺八は指孔の開閉によってだけでなく顎《あご》の上げ下げによって、楽譜にある音も、楽譜にない音も出すことができます。指孔を押さえたまま、顎を下げると音が下がり、顎を上げると音が上がります。それぞれメリ、カリと呼ばれます。メリ・カリによって、二つの音高をなめらかにつなぐこともできます。また、すべての指孔を閉じたままメリを使うと、楽譜での最低音のレよりも全音低いドを出すことができます。尺八本曲のレパートリーは、このなめらかな動きと半音よりもせまい音程を活用することで、豊かな表現を獲得しました。

演奏者は四度の枠をもつ短い旋律を、自分の一息で吹ける長さで演奏します。そうした短い旋律は、特定の曲に固有というよりは、尺八本曲の多くに共通するものです。それらを組み合わせて、曲の大きな流れの山や谷などを作ることで、個々の曲の特徴を決めているようです。

近世の尺八本曲の最も大きな特徴は、一定の間隔をもつ拍も、それを一定の数でくり返す拍子もないことです。そのため、リズムは演奏者の一息の長さが決めることになります。近世の他のジャンルの音楽にも、拍や拍子をもたない部分がありますが、こうした柔軟なリズムだけで曲全体が構成されているのは、近世に生まれた音楽では尺八本曲だけです。なお、近代になると、拍と拍子のある尺八本曲も作られますが、これは次章で扱います。

（七）歌舞伎における囃子《はやし》

歌舞伎の音楽として、長唄・義太夫節、そして、豊後節《ぶんごぶし》に由来する常磐津節《ときわずぶし》や清元節《きよもとぶし》が活用されていることは述べました。そうした声と三味線の組み合わせによる音楽は、劇的な表現やしっとりとした表現には向いていますが、踊りのため、あるいは、舞台での活発な動きに対応するためには、他の楽器を加えた方が効果的です。

そこで、能楽の囃子の楽器(笛・小鼓《こつづみ》・大鼓《おおつづみ》・太鼓《たいこ》)と、そのリズム型が歌舞伎音楽に導入され歌舞伎囃子が作られました。やがて、歌舞伎囃子に独自のリズムが創作され、リズム型が豊かになりました。

能楽では、太鼓の使用が、神や鬼・仙人など人間ではないものが登場する場に限られていますが、歌舞伎囃子では自由に使われます。能楽での楽器の数は、特殊な曲目を除いて一つずつですが、歌舞伎囃子にはこの制限がありません。また、笛として、能管だけでなく、声や三味線と精密に音を合わせることができる竹の篠笛《しのぶえ》も使われます。このような編成の歌舞伎囃子は、長唄ほかの演奏家と舞台に並んで演奏します。これを出囃子《でばやし》といいます。

歌舞伎で聴こえる囃子は、この形式だけではありません。歌舞伎の劇場に行くと、演目が始まる前から音楽が聴こえてきます。開演三〇分前に響くのが《着到《ちゃくとう》》と呼ばれる能管・太鼓・大太鼓による音楽です。また芝居の一幕が終わると、《砂切《しゃぎり》》が同じ楽器で演奏されます。大太鼓は能楽では使われない楽器で、直径一メートル近くもある両面の太鼓で台の上に置かれます。

演目が始まる五分位前になると、チョン・チョンと拍子木《ひょうしぎ》の音が聴こえます。そして、もう一度同じ音が鳴ると、幕が開きます。この楽器は、二つの四角い木を打ち合わせるもので、歌舞伎では柝《き》と呼ばれ、舞台の進行を導きます。

幕が開いて芝居が始まると、舞台の横にあって、客席からは見えない空間から音楽が聴こえてきます。この空間が黒御簾《くろみす》と呼ばれている場所で、黒い簾《すだれ》がかけられているため外からは内側が見えませんが、内側からは舞台がよく見えます。黒御簾は近世初期には舞台の上手《かみて》(客席から見て右側)に置かれたようですが、現在では多くが下手《しもて》(客席から見て左側)にあります。

黒御簾の中で演奏する多様な音楽は、囃子、下座《げざ》(外座《げざ》)音楽、陰《かげ》(蔭《かげ》)囃子《ばやし》などいろいろに呼ばれますが、ここでは黒御簾音楽と呼んで話を進めます。

この音楽が歌舞伎の中で今日のような大きな役割を担うようになった時期ははっきりしませんが、一八世紀の初めには使われたようです。とくに一八世紀の終わりからは、使われた曲名もわかっていますので、役割が大きくなったと考えられます。

黒御簾音楽の役割は、舞台の情景(例えば、海辺、川のそば、山の中、街中)、場所(例えば、神社、寺院、御殿《ごてん》、町人の家)、人物の気分(例えば、急いでいる、物思いにふけっている)、状況(例えば、大勢の立ち回り、一人と大勢の敵との立ち回り)などを示すことにあります。演奏の形態としては、まず、長唄で演奏される唄と三味線があります。そして、それ以外の楽器を扱う囃子方は、三〇を超える数の楽器を置いて、それらを舞台の進行に合わせて使い分けます。

多様な黒御簾音楽から、いくつかの例を紹介します。例えば、町屋や店先の状況では、長唄《越後獅子《えちごじし》》から取られた《向い小山》(「向い小山のしちく竹、いたふし揃《そろ》えて」)が使われます。この長唄曲のもとになった同名の地歌曲の成立が一七八〇年代で、長唄に取り入れられたのが一八一〇年代ですから、黒御簾音楽に加えられたのもその頃でしょう。

声を含まない例でよく知られているのは、隅田川《すみだがわ》の情景を示すために使われる〈佃《つくだ》〉で、三味線が本手《ほんて》と替手《かえて》に分かれて演奏します。多くの場合は、そこに大太鼓による〈水音《みずおと》〉が加わります。大太鼓は波、雨、雪などを描くのに使われます。

黒御簾音楽は、雅楽や能楽の楽器だけでなく、鐘、鈴、木魚《もくぎょ》などの仏教と神道《しんとう》の宗教儀礼で使われる楽器まで使います。また、木琴《もっきん》も使います。これは西洋の木琴ではなく、江戸時代に入ってきた中国の楽器で、箱の上に一五枚程の板を並べたものです。音程が箏や三味線とは異なりますので、異国の感じを与えます。

このように、他の種類の音楽を自由に取り入れる黒御簾音楽の性格は、楽器の選択だけでなく、旋律の選択にも見られます。劇場と関係なく演奏されていた地歌・箏曲の旋律が黒御簾音楽で使われているのが、その例です。一八世紀終わりから知られている地歌《雪》の合《あい》の手《て》(楽器だけの間奏)が、舞台で雪の降る場面に用いられます。一方、箏曲《六段調》の旋律は御殿の場面で用いられます。これらの曲を直接聴いたことがなかった人も、黒御簾音楽を通して、これらの旋律を知ったことでしょう。

(八) 七弦琴《しちげんきん》・一弦琴《いちげんきん》・二《に》弦琴《げんきん》

七弦琴の音楽

これまで、外国から日本に導入された楽器をいくつも取り上げましたが、まだ言及しなかった楽器があります。それが中国の琴《きん》です。しかし、琴という字は多くの弦楽器を指すのにも使われますので、誤解を避けるために、ここでは七弦琴を使います。これは、箏とは別の楽器です。中空の細長い胴に七本の弦を張り、楽器に記されている徽《き》という目印を使って、左手で弦を押さえて、必要な音高を作る楽器です。

この楽器については、中国古代から伝説があり、周《しゅう》の時代には演奏され、春秋時代《しゅんじゅうじだい》の孔子《こうし》とその弟子が愛好したことが知られています。中国政府は、中国で伝承されてきた七弦琴の音楽をユネスコに申請して、世界無形文化遺産に登録しました。

奈良時代の日本に、七弦琴とともに楽譜も伝えられました。この楽器と儒教との結びつきが人びとに知られていましたから、貴族や文人《ぶんじん》が弾き方を学びました。平安時代の『宇津保《うつほ》物語』などの物語で、この楽器とその伝承について描かれています。平安時代の末期には、七弦琴はすたれてしまいます。

しかし七弦琴は、江戸時代になると復活します。一七世紀後半に中国から長崎に招かれた僧、心越《しんえつ》〔東皐禅師《とうこうぜんじ》、一六三九～九五〕が七弦琴を教え始めたからです。彼はのちに水戸《みと》藩の徳川光圀《みつくに》の招きで江戸と水戸で七弦琴を演奏し、武士や文人・画家など、多くの人に教えました。七弦琴を弾く人を琴士《きんし》と呼びますが、彼らは日本の多くの地域に拡がっていて、その数は近世でも六〇〇人以上になるという調査があります。七弦琴がもっていた儒教との関係や、人格を形成するための楽器というイメージが、この楽器に特別の地位を与えたようです。

一弦琴と二弦琴の音楽

こうした時代に日本で生まれたのが一弦琴(板琴《ばんきん》、須磨琴《すまごと》とも)です。木製の板に張られた一本の弦を、音高を決める目印(徽《き》)に従って、左手で押さえて演奏する楽器です。弦を左手の指で直接押さえるとよく響かないので、左手の中指に竹や象牙でできた筒《つつ》をはめて、それで弦を押さえ、右手ではじきます。現在は、右手にも同じような筒型のものをはめてはじく人が多いのですが、近世では、右手の親指で弾くことも、箏の爪で弾くこともあったようです。

一弦琴の歴史についてもいろいろな伝説がありますが、現在伝承されているこの楽器の音楽の基本を作ったのは、大坂の僧・覚峰《かくほう》〔一七二九～一八一五〕だと考えられます。高い地位の武士や文人が彼の弟子となって、一弦琴の伝承を支えました。武士にとっては、三味線を弾くのと違い、高尚な歌詞をもつ歌を一弦琴で奏でることは、七弦琴を弾くのと同じような趣味であったのでしょう。

一弦琴に似た楽器に二弦琴があります。その一つが、一八二〇年に出雲大社《いずもたいしゃ》での献奏のために作られた八雲琴《やくもごと》です。考案者は箏曲を学んでいた中山琴主《なかやまことぬし》［一八〇三～八〇］です。最初は太い竹を二つに割ったものに弦を張ったようですが、その後は木の板を使い、それに裏板もつけました。同じ音高に調弦された二本の弦を同時に、胴の上に記された徽を目印にして押さえて音高を変えます。和歌や今様などの歌詞をもつ二弦琴の曲が、神社や寺院で演奏されました。

少し後の近代の初めには、八雲琴を簡素化した二弦琴が現れました。それが歌舞伎囃子の初世藤舎芦船《とうしゃろせん》［一八三〇～八九］が作った東流《あずまりゅう》二弦琴で、裏板がないのが特徴です。二弦を同じ音高に合わせますが、二弦を同時に鳴らすだけでなく、手前の弦だけを鳴らすこともあります。こちらは八雲琴と違い、当時のはやり歌を演奏し、歌舞伎の黒御簾音楽でも使われるなど、宗教性よりも世俗性が強いのが特徴です。

（九）近世での外国音楽への関心

近世日本にとっての外国

さて、「鎖国《さこく》」の時代と形容される近世日本でも、外国の音楽を聴く機会がありました。それは、日本が朝鮮と琉球との間に外交関係を、中国とオランダの間に通商関係をもっていたためです。

琉球音楽の本土における関心についてはすでに「(二)　琉球の音楽」で記しましたので、ここでは、日本で人気が続いた中国音楽から考えます。

中国音楽への関心

中国の七弦琴とは別に、新しい中国音楽が近世から日本で楽しまれました。それが、明清《みんしん》楽《がく》と総称される世俗的な中国音楽です。この音楽を本章で扱いますが、その人気は近世だけでなく近代まで続きます。

明清楽は明楽と清楽をまとめた言葉です。日本には、明楽が近世の初めに、清楽が近世の終わりにそれぞれ伝えられます。これらの音楽が近代になると明清楽と総称されますので、この名称を使います。

明清楽の代表的な楽器が月琴《げっきん》です(図3-3)。月琴は、四本の弦をもち、二本ずつが同音に調弦されて、二対を成し、この二対の間の音程としては基本的に完全五度が選ばれます。撥《ばち》を使わず、鼈甲《べっこう》の爪(ピック)で弦をはじきます。三味線と違って、月琴には棹から胴にか

図 3–3　月琴

けてフレットがあります。それによって、音階上の音を安定して出すことができます。月琴の胴の中には弧状の金属弦が張られていて、弦を鳴らすとそれが響きますので、これも異国の楽器の印象を与えたでしょう。

清楽の管楽器の中で、日本で広く使われたのは、横吹きの明笛《みんてき》（清笛《しんてき》とも呼ばれます）です。指孔は六個ですが、息を入れる歌口《うたぐち》と最初の指孔の間に響き孔と呼ばれる孔があり、この孔に竹紙《ちくし》（竹の内側にある薄い膜《まく》、または薄い紙）を貼って、「ビリビリ」とした響きを出すようにしてあります。これは異国的な響きに聴こえたでしょう。

日本では、一五種以上の楽器による明清楽の合奏よりも、月琴・明笛、あるいは、それに琵琶や胡弓を加えた小編成の合奏が好まれました。近世から明治時代終わりまでに大量に印刷された明清楽の楽譜に、月琴と明笛を扱うものが多いのは、この二つの楽器がよく使われたからでしょう。

ところで、明清楽では中国の工尺譜《こうしゃくふ》が使われています。これは、音階上の音高を漢字で示すものです。合をドとして、漢字と音を並べると次のようになります。合ド、四レ、一ミ、上ファ、尺ソ、工ラ、凡シ、六ド、五レ、乙ミ。これら一〇個の音よりも低い音や高い音は、漢字に記号を加えて示します。これらの文字は、日本の明清楽では中国語を日本式に読んでいたので、合がホ、ハアなど、四がスイ、スウなどと発音されていたようです。

楽器の奏法を記す日本の記譜法とは異なり、工尺譜は演奏すべき音高を示す記譜法です。この点で、工尺譜は五線譜と同じ役割をもちます。そのため、楽譜があれば、異なる楽器で合奏ができます。つまり、工尺譜は、近代以前の日本人が、五線譜に先だって学んだ外国の記譜法だったのです。工尺譜が印刷を通じて普及したことは、日本における識字率の高さと、新しい記譜法を使える能力の高さを示しています。

さて、明清楽を日本人に教えたのは長崎の中国人でしたが、しだいに日本人の専門家が現れます。彼らが、中国文化への憧れをもつ知識人や公家・大名などの上層階級の人びとに教えるようになります。こうして明清楽が広まり、近代に入るとさらに広い層に普及し、男女を問わず、また、子供でも演奏するようになりました。

明清楽が普及するにつれ、人びとが好んで演奏する曲が変化します。最初は中国語による歌でしたが、それを歌なしで楽器だけで演奏することが始まります。ついで、地歌・箏曲や長唄、さらにはやり歌などが演奏されるようになり、三曲合奏の胡弓・尺八パートが明笛で、箏パートが月琴で演奏されるようになります。近代になって日本で西洋音楽が普及し始めると、月琴・明笛にオルガン・アコーディオン・ヴァイオリンを加えた合奏も行われるようになります。

明清楽の曲でもっともよく知られているのが《九連環《きゅうれんかん》》です。九連環とは、九つの金属の環《わ》をつないだ知恵の輪を意味する言葉です。この歌は、次のように始まります。「看看也《かんかんい》、賜奴的《すーぬて》九連環《きゅうれんかん》、九吁《きゅうや》九連環、双手拏来解不開《しゃんしゅーなーらいきゃいぽかい》」(見てみよう。私がいただいた九連環。九の九連環。両手を使って解こうとしても解けない)と子供らしい言葉で始まりますが、その後は、歌詞が大人の気持ちを歌うものになっていきます。

この歌の旋律は、動きも拍もはっきりしたものです。冒頭の「かんかん」という言葉がおもしろかったためか、近代になっても、《九連環》の旋律を利用した歌が生まれます。その結果、この旋律は、日本語の歌詞によって、日本に定着することになります。

このように明清楽は日本で広く親しまれましたが、名前の通り中国音楽として扱われていました。そのため、一八九四(明治二七)年に日清戦争が始まると、明清楽を敵国の音楽だとして排斥《はいせき》する動きが起こります。しかし、翌年に戦争が終わると、明清楽の楽譜の刊行が再開され、それが明治の終わりまで続きます。

近代日本の西洋音楽が文明開化や外交儀礼の必要から導入されたのに対して、明清楽は、人びとが響きのおもしろさから自発的に聴いて、習ったものです。そして、明清楽という中国音楽は、琉球・朝鮮・オランダの三国の音楽とは比較できないほど、広く普及しました。

朝鮮の音楽への関心

朝鮮の音楽も近世の日本で聴かれました。日本は李氏《りし》朝鮮〔一三九二〜一九一〇〕と外交関係を結んでいましたので、室町時代から江戸時代まで、朝鮮から通信使《つうしんし》と呼ばれる使節が来日しました。この使節の目的は、朝鮮国王の外交文書(国書)を日本の外交の責任者である将軍に渡すことです。江戸時代だけでも一〇回以上派遣されています。例えば、徳川家宣《いえのぶ》が第六代将軍についたことへの儀礼を目的として一七一一年に派遣された通信使は、総勢が五〇〇人で、その一割が音楽家でした。

使節一行は、釜山《プサン》を出発して、日本の朝鮮への窓口であった対馬《つしま》に行き、対馬からさらに多くの地域に泊まりながら大坂まで進みます。大坂から京都までは、日本の川船に乗り換えて移動し、京都と江戸の間は陸路で往復しました。使節は、多くの滞在地と道中で音楽を演奏し、それが日本人に朝鮮の音楽を聴く機会を与えました。

当時の朝鮮では、国王や重臣が外出する際には音楽隊が同行し、行列の先頭には大きな音を出すグループが歩き、後方には小さな音を出すグループが歩きました。国書は国王の代理ですから、通信使も国王の行列と同じように、滞在地や道中で演奏をくり返したのです。楽器の中には、太鼓やダブル・リードの楽器のほか、日本にはなかった金属製のラッパがありましたから、人びとはこの外国音楽に関心を示しました。

彼らの華やかな衣装と楽器が絵に描かれたのは、その印象が強かったからでしょう。それどころか、通信使が通過した地域の中には、その音楽や衣装を自分たちの芸能に取り入れたところがあります。三重県の津《つ》市や鈴鹿《すずか》市の「唐人《とうじん》おどり」には通信使の楽器を模したものが使われていますし、岡山県牛窓《うしまど》地区の「唐子踊《からこおどり》」では、大人の肩に乗れる小さな子供が二人、朝鮮風の衣装で踊ります。ここでの「唐人」と「唐子」は、中国人ではなく、外国の人としての朝鮮の人や子供を意味しています。

キリシタン音楽の伝来

ところで、明治維新後の日本に西洋音楽が導入されますが、これが日本と西洋音楽の最初の接触ではありません。近世初めにキリシタン音楽と呼ばれる西洋音楽がキリスト教宣教師によって日本に伝えられ、さらに近世を通じてオランダから音楽と音楽に関する言説が伝えられたからです。

さて、キリスト教徒を指すキリシタンという日本語は、ポルトガル語でキリスト教徒を意味するクリスタンに由来し、さまざまな漢字があてられた後、キリスト教が禁止されてからは切支丹が一般的な表記になります。

日本におけるキリスト教の布教は、一五四九年にフランシスコ・デ・シャヴィエル〔ザビエル、一五〇六〜五二〕が来日することで始まります。シャヴィエルの所属するイエズス会という男子修道会は、プロテスタント教会による宗教改革に対峙《たいじ》するためにカトリック側が行った「反宗教改革」の組織で、世界のさまざまな地域をキリスト教化するために多くの会員を派遣しました。日本もその対象になったのです。

宣教師は音楽を重視し、カトリック教会の単旋聖歌や多声聖歌を日本人に教え、弓で弾く楽器や、鍵盤《けんばん》楽器なども持ち込みました。イエズス会はセミナリヨやコレジヨという修道士養成機関を開き、音楽も教えました。織田信長《おだのぶなが》は安土《あづち》のセミナリヨで生徒の演奏する西洋音楽を聴いて満足したと伝えられています。

イエズス会は、一五八二年、キリスト教信者の大名の家臣から、四人の若者を選んでヨーロッパに送りました。彼ら天正遣欧使節《てんしょうけんおうしせつ》は、帰国後の一五九一年に京都で、ヨーロッパから持ってきたリュートやラベイカ（ラベカとも、弓で弾く三弦の楽器）を豊臣秀吉の前で演奏しています。

秀吉はすでに一五八七年六月に「伴天連《ばてれん》追放令」を出して、伴天連（バテレンは、神父を意味するポルトガル語パードレの日本語化)を国外追放にすることを決めていたのですが、その目的が日本の神仏を守ることにあり、ポルトガルの文物の禁止ではなかったので、西洋音楽を聴いたのでしょう。

その少し後で出版されたのが『日葡辞書《にっぽじしょ》』〔本篇《ほんぺん》一六〇三、補遺《ほい》一六〇四〕です。これは『日本語の語彙《ごい》』とポルトガル語で題されたもので、ポルトガル語風のローマ字で表記された日本語を見出しにして、それにポルトガル語の訳を付けた辞書です。この辞書には、「音楽」「楽器」「三味線」「尺八」などが含まれているので、当時の状況を知る資料になっています。

徳川幕府も秀吉の方針を継承して、早くからキリシタンを禁止しようとします。その理由は、キリスト教が神道・仏教を攻撃し、キリスト教国が国内のキリスト教徒と連携して日本を侵略するおそれがあったからです。幕府は一六一二年にキリスト教徒であることを禁じ、一六一三年にも重ねて耶蘇教《やそきょう》(キリスト教)を禁止し、翌年には伴天連と教徒の追放を命じます。こうしてキリスト教とキリシタン音楽が日本から消えていきます。箏曲へのキリシタン音楽の影響を論じる研究もありますが、はっきりした証拠がなく、さらなる検討が必要です。

ところが、明治の初めになって、幕府のキリスト教禁令にもかかわらず、古くからキリスト教を信仰してきた人びとが長崎県や熊本県にいることがわかりました。現在は「隠《かく》れキリシタン」あるいは「潜伏《せんぷく》キリシタン」と呼ばれる人びとです。その人たちの祈りの言葉や歌が、キリシタン時代のラテン語による祈りや聖歌に関係があることがしだいにわかってきました。これらは、日本で変容してきたものの、奇跡的に残されたキリシタン音楽で、現在では録音も公開されています。

オランダと日本の音楽的なかかわり

次に、近世の日本が通商関係をもっていたオランダと日本の音楽におけるかかわりを扱います。

オランダ商館と呼ばれたオランダ東インド会社の支店が、一七世紀初めにまず平戸に設置され、その後長崎の出島《でじま》に移されました。商館長と書記、医師などは、最初は毎年、一八世紀末からは四年に一度、江戸へ行って将軍に拝謁《はいえつ》して、舶来の品を献上することになっていました。この行事は江戸参府《えどさんぷ》と呼ばれ、一八五〇年までに一一六回行われています。

江戸参府によって、日本側は海外の事情を知り、オランダ側は日本の事情を知りました。例えば、一六九〇年から一六九二年までオランダ商館に医師として滞在したドイツのエンゲルベルト・ケンペル〔ケンプフェル、一六五一～一七一六〕が、江戸参府で経験したことを記録しています。彼は道中で会った胡弓を弾く大道芸人らを記録し、江戸で会った将軍や幕府関係者から、オランダの歌を歌うように頼まれたと記しています。

この時代のオランダは日本にとって西洋社会への唯一の窓口でしたから、オランダ語の学習も行われました。もっとも幕府は一七世紀に、キリスト教が入ることを恐れて、西洋の書物と、西洋の言語を中国語に訳した科学書をも禁書にしていましたから、当時の知識人にとっては、西洋の学問を知ることは困難でした。しかし、一七二〇年に幕府がこの方針を変更したため、多くの科学書が西洋語でも中国語でも読めるようになり、これが蘭学《らんがく》と呼ばれていた西洋文化研究を盛んにするようになります。

蘭学者の中で西洋の音楽に関心を示したのが、宇田川榕庵《うだがわようあん》〔一七九八～一八四六〕です。オランダ語の音楽の本を日本語に訳しています。彼は、五線譜やト音記号・ハ音記号を知り、オクターヴ(彼はオクタープや阿苦荅弗と記しています)と他の音程を、雅楽の音名や明清楽の工尺譜に対応させて理解しています。榕庵の仕事は、日本に西洋音楽を普及させるには至りませんでしたが、少し後の西洋音楽理論の導入にとって先駆的な役割をもつものです。

一方、オランダから到来したオルゴールは、近世日本の人びとの関心を集めました。オルゴールは、オランダ語でオルガンを意味するオルヘルが変化したもので、決まった音高をもつ金属の小さな弁をぜんまいじかけで響かせる自動演奏装置です。正月を祝う地歌《万歳《まんざい》》に、一八〇〇年頃からオランダ調子あるいはオルゴール調子と呼ばれる調弦の箏のパートを加える演奏が行われ、それが《阿蘭陀《オランダ》万歳》と呼ばれたことは、オルゴールへの関心を示す例です。

宇田川榕庵が活動していた時期にオランダ商館に医師として勤務していたのがドイツ生まれのフィリップ・フランツ・フォン・シーボルト［一七九六～一八六六］でした。彼も音楽に強い関心をもっていて、最初の日本滞在（一八二三～二九年）から帰国すると、一八三六年にオランダで『日本の旋律』という楽譜集を出版します。そこに収めたのは、彼が日本で覚えた単旋律の歌そのものではなく、それらの旋律を使って彼がつくったピアノ独奏曲です。

シーボルトは、日本から膨大な標本と民族学的な資料をオランダに持ちかえり、一八四三年に友人への書簡の形で『民族誌博物館の有用性と、植民地を保有するか他の地域と通商関係をもつヨーロッパ諸国に博物館を創設する重要性についての書簡』をパリで出版しました。その中で彼は異国の資料の大切さ、そして、それを展示する博物館を造ることの必要を力説しました。そこには日本文化に対する彼の敬意も感じられます。しかし、彼の関心はモノ、つまり有形文化財にあったようで、そのため、民族誌的資料であっても無形文化財である日本の音楽は、そのまま提示しなかったのです。

ヨーロッパ人による日本音楽のピアノ編曲は、その後も続きます。これらの楽譜は日本に音楽があることを海外に知らせる上では貢献しましたが、近世から近代にかけての日本音楽の姿をそのまま示すものではないことに注意する必要があります。

第四章

近　代

『小学唱歌之略図』(楊洲周延，1887 年)

(一) 明治時代の文明開化

この近代の章では、徳川幕府の終わりから第二次世界大戦の終結までを扱います。日本の年号で記すと、嘉永《かえい》六(一八五三)年から、安政《あんせい》、慶応《けいおう》、明治、大正を経て、昭和二〇(一九四五)年までになります。

近代は、音楽に関しては、古代と同じように日本が大量に外国音楽を導入した時期です。古代の日本が導入した外国音楽はアジア諸地域のものでしたが、近代に導入したのは西洋音楽でした。そして、西洋音楽という外国音楽が、政府の方針、教育制度、さらに、マスメディアによって、古代の場合よりもさらに組織的に導入されました。その影響は現代にも及んでいます。

この時期の特徴は、日本が世界とのかかわりを極めて強くしたことです。近代の初め、日本は欧米諸国に追いつくために、西洋の科学と技術を学んで軍事力を高めます。その後は、それを用いて、欧米諸国と同じように軍国主義と帝国主義を進め、植民地の獲得に乗り出しました。そこに神道《しんとう》が組み合わされて、「神と天皇をもつ日本が他国よりも優れた国である」という考えが強化され、客観的な証拠もないまま「日本の軍隊は無敵」であるという考えが生まれました。

一九〇四(明治三七)年に始まる日露《にちろ》戦争までは、政府も戦争に負けるおそれをもっていましたが、昭和(一九二六年から)に入ると、こうした考えを抱くことも議論することもなくなり、結局、太平洋戦争で軍事的に敗北するに至ります。

さて、近世では幕府が日本の統治機構として外交と外国との通商を行い、西洋の国ではオランダとだけ通商関係をもちました。しかし、一九世紀中頃になると、列強《れっきょう》と呼ばれる欧米諸国が、科学技術と産業と、それをもとにした強い軍事力をもって、自由な貿易を求め、さらに他国を侵略して自国の領土とする帝国主義の傾向を強めます。そのため、日本も少数の国だけとの外交・通商関係を保つことが困難になってきました。

一八五三(嘉永六)年六月に神奈川県の浦賀《うらが》沖に現れた蒸気船を含む四隻《せき》のアメリカ軍艦をはじめ、他の国も強い軍事力を示して、国を閉ざし他国との国交を禁じていた日本に開国を迫りました。さまざまな交渉の結果、幕府は一八五八(安政五)年にアメリカ、オランダ、ロシア、イギリス、フランスと修好通商条約を結びます。これは幕府に代わって政権を担った明治政府がその改正に苦慮する、日本に不利な条件で締結された不平等条約です。

一八六七(慶応三)年に一五代将軍徳川慶喜《とくがわよしのぶ》が政権の返上を申し出て、それを受けた朝廷が王政復古《おうせいふっこ》を宣言し、新政府が誕生します。新政府は、廃藩置県《はいはんちけん》の方針で、幕府と藩を解体し、日本のすべての地域を直接に統治することになります。これが明治維新《いしん》の改革です。そして、新政府は、不平等条約を改正するために、日本が文明国であることを世界に示し始めます。

この時期の基本的な政策が「文明開化」です。「文明」は西洋の文明を指し、「開化」は古い因習《いんしゅう》からの解放を意味します。そのため、明治期は、江戸時代の諸文化を否定して、日本を近代的な国にしようとした時期だったのです。科学技術と軍事制度だけでなく、法律、社会制度、芸術活動、日常生活も、文明開化の対象になりました。

音楽も文明開化の対象でした。しかし、明治時代に人びとが愛好していたのは、楽劇《がくげき》(能《のう》楽《がく》・歌舞伎《かぶき》・文楽《ぶんらく》)と近世に生まれた音楽です。西洋音楽を知る機会が増え、西洋楽器の新しい響きに関心をもつ人が現れても、西洋音楽を音楽として愛好する人は増えません。そこで政府は、文明開化のために西洋音楽を選び、それを学校という新しい教育制度で教えるようになりました。

ではまず、教育における近代化を概観しましょう。

(一) 教育における文明開化

新政府は、子供たちを、それまでのように各藩の子供としてではなく、日本の国の子供として育てるために、一八七二(明治五)年に「学制」という教育制度を定めます。これによって、子供の教育が、国の定める学校で行われることになりました。

文部省は一八七五(明治八)年に、男女とも満六歳で小学校に入ることを定め、その後の種々の改革の後、一九〇七(明治四〇)年に義務教育年限を六年に定めます。この頃から、学校教育が定着しました。

学制は、全国共通に教えるべき内容を定めていて、低学年の授業は読み書きと算術が中心です。算術で教えられるのは、そろばんではなく、アラビア(算用)数字による筆算《ひっさん》です。のちに考案された箏《こと》や三味線《しゃみせん》などの楽譜にもアラビア数字が使われたのは、算術によってこの数字が普及していたからです。

音楽は「唱歌《しょうか》」という名前で学制公布の時から小学校の教育にも、その後の義務教育期間を六年とする改正にも含まれました。ところが最初のうちは、唱歌の内容が決まらず、また、教える教員もいなかったため、音楽教育は実施されませんでした。

政府は音楽教員の養成や音楽教科書の編集など、強い方針をもってこれをじょじょに実施します。その結果、日本のすべての子供が義務教育で唱歌教育を受けることになり、それが日本人の音楽生活に、そして日本音楽にも影響を与えます。

（三）神道《しんとう》の役割強化と音楽の利用

明治政府は王政復古とともに祭政一致《さいせいいっち》の方針を定めます。これは政治と神々への祭祀を一致させるもので、天皇に政治的な権威《けんい》だけでなく、宗教的な権威も認めるものです。政府は、奈良時代の神祇官《じんぎかん》という官庁を再興し、また神仏分離令《しんぶつぶんりれい》を出します。そのため、それまで神と仏を一緒に祭っていた多くの寺社が、神社か寺院かを選択させられました。

政府の神道重視方針は強く、日本人はどの宗教を信仰していても、天照大神《あまてらすおおみかみ》に始まるとされた歴代の天皇（皇祖皇宗《こうそこうそう》）を崇敬《すうけい》することを要求されます。この方針が学校で教えられ、一八九〇（明治二三）年に発布された「教育ニ関スル勅語《ちょくご》」（教育勅語）によって、さらに強められます。生徒は、国の祝祭日に、御真影《ごしんえい》（天皇・皇后《こうごう》の肖像）が掲げられた学校で校長が読む教育勅語を聞かなければなりません。

政府は、これより前の一八六八（慶応四）年に、西洋にならって、天皇の誕生日を天長節《てんちょうせつ》という祝日に定めていました。さらに一八七二（明治五）年に、一月二九日（翌年からは新たに導入された太陽暦にしたがって、二月一一日に変更）を神武《じんむ》天皇が即位した日と決めて、それを紀元《きげん》節《せつ》という祝日にします。

政府は一八九三（明治二六）年に祝日のための歌を定めて、学校での式典で生徒に歌わせることで、神道教育を強化しました。しかし天長節の歌も紀元節の歌も、音楽としては神道とは無関係な西洋風の歌でした。長調の四拍子で作曲されたもので、のちには、ピアノやヴァイオリンなどの西洋楽器で伴奏されました。つまり、西洋音楽が神道教育に使われたのです。

（四）神道のための雅楽《ががく》の重視

雅楽は、近世でも、朝廷や幕府や藩の儀礼の音楽でした。雅楽伝承の中心であった京都・奈良・大坂では、雅楽を専門とする世襲《せしゅう》の音楽家である楽人《がくじん》が、唐楽《とうがく》や高麗楽《こまがく》の舞楽《ぶがく》と管楽器・打楽器の演奏をしていました。

一方、国風歌舞《くにぶりのうたまい》と箏《こと》・琵琶《びわ》は、主として貴族が伝承し、彼らがそれを教える権利ももっていました。とくに国風歌舞の一つである神楽《かぐら》は、宮中で行われたため、特定の貴族の家が担当し、それに参加できる楽人も限られていました。

神楽を含め雅楽の演奏を、天皇が京都にいる間に行う場合は、演奏者の確保に問題はありませんでしたが、天皇が一八六九(明治二)年に東京へ移ると、祭祀《さいし》のために演奏者も東京に移す必要がでてきます。一方で、以前から定められている関西の寺社の祭祀にも、雅楽の演奏者が必要です。

そこで、政府は一八七〇(明治三)年に、雅楽局《ががくきょく》という組織を作り、そこに楽人を集めます。

政府は楽人を新たに伶人《れいじん》と名付け、彼らを国の職員として、雅楽の伝習と演奏に専念させることにします。

さらに、伶人たちの勤務地を東京と京都に分けました。当初は京都の方が多数でしたが、一八七四(明治七)年には東京の方が多数で、六〇人になります。

それまでは貴族たちが占有して演奏していたために、伶人が演奏してこなかった楽曲や楽器パートがありました。そこで、政府は貴族たちに、彼らがもっていた特定の楽器と曲目の伝承と教授の権利を皇室に返上させ、その内容を伶人たちに教えることを命じます。その結果、貴族には伝承の義務がなくなり、伶人が雅楽全体を担当するようになります。雅楽の中でも祭政一致の方針に合致する神楽は、伶人の演奏によって、それまで以上に祭祀で使われるようになったのです。

雅楽局には、異なる地域から楽人が集められたため、地域による音楽の違いを統一する必要が生じます。そこで、曲目を選び、それを統一した記譜法で記した『明治撰定譜《せんていふ》』が一八七六(明治九)年と一八八八(明治二一)年に作成されます。二〇〇曲以上の唐楽から約七〇曲が選ばれ、約四〇曲の高麗楽から二五曲が選ばれました。

雅楽局はその後名称が変更されますが、現在の宮内庁式部職楽部《くないちょうしきぶしょくがくぶ》の出発点です。楽部は『明治撰定譜』に収められた曲を基本的な演奏曲目とし、また、近世から近代にかけて復元・再興された催馬楽《さいばら》や朗詠《ろうえい》も伝承しています。

（五）社会変革を乗り越えた能楽

近世では、能楽が幕府の多くの儀礼で、式楽として用いられました。そのため幕府は二〇〇人以上の能楽師を抱えていましたし、いくつかの藩も能楽師を抱えていました。廃藩置県によって幕府も藩も消滅《しょうめつ》したので、能楽師はすぐに生活に困り、能楽をやめて他の職業に就《つ》く人もいました。この体制変化によって、狂言方《きょうげんかた》・ワキ方・囃子方《はやしかた》のいくつかの流派が後継者不足で廃絶します。

しかし、能楽は、幕府・藩だけでなく朝廷でも演奏されていましたから、文明開化の風潮の中でも、とくに批判を受けたわけではありません。能楽は、むしろ高尚《こうしょう》なものとみなされていました。パトロンである幕府と藩を失った能楽を、この高い評価が救います。

能楽の危機を最初に救ったのは、朝廷での上演でした。まず、政府は、一八七八(明治一一)年に明治天皇の嫡母《ちゃくぼ》であった英照皇太后《えいしょうこうたいごう》の御所を東京に建てる際に、能を好む皇太后のためにその中に能舞台を造ります。その舞台開きには明治天皇も出席しました。

明治政府の重要人物だった岩倉具視《いわくらともみ》［一八二五〜八三］も、能楽を重視して、一八七六(明治九)年に自邸で能楽を上演して、天皇らを招きます。さらに彼は、一八七九(明治一二)年に来日したアメリカ前大統領グラントを自邸に招いて能楽を見せました。こうしたことが、能楽師に上演の機会を与えました。

岩倉は、能楽を日本の代表的な上演芸術と考え、能楽を保護する組織をつくり、一八八一(明治一四)年には東京に能楽堂を建てます。こうして、政府高官、華族《かぞく》となった旧藩主、そして財閥《ざいばつ》などが能楽の新しいパトロンになります。

また、能楽への関心が海外で強まり、日本にいる外国人も能楽に関心を示しました。このことも、日本人に能楽の価値を再認識させました。幕藩体制の消滅で一時は危機的な状況にあった能楽が、こうして、再び力をもつことになります。

(六) 解体された当道座《とうどうざ》と普化宗《ふけしゅう》

近世の当道座は、鍼灸《しんきゅう》を専門とする男性盲人《もうじん》と、平家《へいけ》・地歌《じうた》・箏曲《そうきょく》などの音楽を特権的に教えていた男性盲人の集団で、幕府から経済的に保護されていました。これが、政府によって一八七一(明治四)年に解体されましたので、検校《けんぎょう》・勾当《こうとう》などの当道座の成員は、それまで受けていた高額の手当を失います。

一方、この解体によって、盲目ではない人も、あるいは女性も、これらの音楽を職業とすることが可能になりました。当道座が伝承していた音楽のうち、地歌・箏曲は活発になりますが、幕府と藩が行う特定の儀礼（例えば、写経の法会《ほうえ》）に結びついていた平家は伝承が弱まりました。

また、普化宗は、尺八《しゃくはち》の演奏を禅の修行とし、尺八の使用をこの宗派に所属する虚無僧《こむそう》に限定しました。普化宗は、明治に入っても、日本各地に八〇もの寺をもつ特権的な集団でした。そこで政府は一八七一年に、普化宗を廃止し、そこに所属する僧侶を還俗《げんぞく》、つまり、僧《そう》侶《りょ》ではなくします。この廃止によって、仏教とも関係がなくなったので、尺八はだれもが吹ける楽器になり、箏や三味線との合奏も可能になりました。三味線・箏・胡弓《こきゅう》を標準としていた近世の三曲合奏《さんきょく》が、近代になると、三味線・箏・尺八の形でも演奏されるようになります。

普化宗には、本曲《ほんきょく》と呼ばれる独自の尺八音楽がありました。普化宗が廃止されると、それを伝承している人びとが、本曲を「仏教行為」としてではなく「音楽」として演奏することを政府に願い出て、一八九〇（明治二三）年に明暗《めいあん》教会という組織をつくります。こうした動きもあって、本曲の伝承が続きました。

（七）文明開化のための西洋音楽の導入

さて、音楽も文明開化の対象になったことは、すでに述べました。政府も知識人も、文明開化のためには、日本音楽ではなく西洋音楽を使うべきだと考えます。一九世紀半ばでも、西洋には口頭で伝承されていた多様な音楽がありましたが、日本が近代に導入した西洋音楽は、軍楽隊の吹奏楽、ピアノ、ピアノ伴奏の歌など、五線譜で記される音楽でした。

本書で西洋音楽を扱うのは、それが日本音楽に影響を与えたからです。

軍楽隊

明治維新の頃、日本人が聴いた最初の西洋音楽は、来航したロシアやアメリカの艦隊の、軍楽隊による演奏でした。その頃は、欧米諸国が軍楽隊を強化する時期でもありました。そこで日本も、近代化のために、軍楽隊をつくろうとしました。

明治初期に、海軍と陸軍が外国の指導者を招いて、軍楽隊を組織し、それに軍隊の訓練だけでなく、天皇の関係する外交儀礼の音楽を担当させたのです。

西洋音楽である軍楽と、神道の代表である天皇との結びつきは、不思議に見えるかもしれません。しかし、近代の天皇は、陸軍と海軍の統率者でもあったのです。そのため、雅楽を用いてきた神道の皇室葬儀《そうぎ》にも、軍楽隊の演奏を加えることが当然とされたのです。

例えば、英照皇太后の葬儀の際には、日本にいたドイツのフランツ・エッケルト［一八五二～一九一六］が作曲した葬送曲《そうそうきょく》《哀《かなしみ》の極《きわみ》》が軍楽隊によって演奏されました。同じ曲が明治天皇や大正天皇の葬儀でも演奏されたことは、軍楽と皇室の密接な関係を示すものです。

軍楽隊は、公開演奏会を開き、町を行進しながら演奏して、西洋音楽を普及させました。これは近代の終わりまで続く慣習です。第二次大戦中に、尺八奏者が行進しながら演奏したのは、軍楽隊の影響です。

軍楽隊はまた、長唄《ながうた》や他の三味線曲などを編曲し、五線譜にして演奏しました。長唄《越《えち》後獅子《ごじし》》や近世末に流行した《かっぽれ》などの日本の旋律が海外に知られたのは、軍楽隊を通してでした。

唱歌《しょうか》

ここで扱う「唱歌」は、近代の学校での音楽を指すものです。なお、邦楽器《ほうがっき》には「唱歌《しょうが》」(楽器の音を声で歌うこと)という伝承方法がありますが、学校での歌は「しょうか」と発音されます。

近代の唱歌は、主として幼稚園から中等学校までの学校で使うための、日本語の歌詞をもつ歌曲を指します。外国の曲を編曲したもの、そして日本で新たに作られたものがありますが、子供たちが自発的に歌っていた地域ごとの伝承曲(例えば、わらべ歌)は、唱歌としては使われませんでした。

じつは、文部省が組織的に唱歌教育を開始する前にも、学校で唱歌を教える試みがありました。一つが幼稚園で、もう一つは中等学校で行われたものです。

前者は、東京女子師範《しはん》学校(お茶の水女子大学の前身)の付属幼稚園のために、一八七六(明治九)年頃から楽部の伶人が作曲した「保育唱歌」です。幼稚園関係者と伶人たちは、西洋の歌詞を翻訳し、そこに雅楽的な旋律を付けました。伴奏は、笏拍子《しゃくびょうし》と和琴《わごん》です。両方とも、神楽《かぐら》で使われる楽器で、当時の子供にも大人にも親しみのないものでしたが、純日本的な楽器として選ばれたのでしょう。

もう一つの中等学校の例は、京都女学校(京都府立鴨沂《おうき》高等学校の前身)が発表した『唱歌集』[一八七八、一八八〇]です。関西で親しまれていた地歌を、旋律はそのままにして、歌詞を替えて地歌の三味線の伴奏で歌わせるものでした。これらの試みは、伝統音楽による音楽教育です。保育唱歌は雅楽への導入になり、京都の唱歌は地歌への導入になったはずです。

しかし、これらは普及しませんでした。それに、もし後者の唱歌が三味線音楽に由来することがわかれば、文明開化の影響で三味線を低俗な楽器とみなす人びとによって反対されたことでしょう。唱歌教育の目的は、子供に日本の国民としての意識をもたせ、子供の「徳性を涵養《かんよう》」することだったからです。徳性とは道徳心のことで、国への奉仕、親への孝行、仲間への友情などを指します。その教育目的を遂行《すいこう》するためには、道徳的な歌詞の歌を、声を合わせて歌える子供を育てなければなりません。その役に立つような音楽を教える必要があったのです。

そこで、唱歌教育を推進した政府の担当者は、当時の日本人が愛好していた音楽ジャンルを基礎にせずに、和洋折衷《せっちゅう》と主張しながら、歌詞は日本語でも、日本人にとってはまったく新しい西洋の歌を使うことを考えました。

その中心人物が伊沢修二《いさわしゅうじ》〔一八五一〜一九一七〕です。彼は、アメリカでも学び、その地で唱歌教育を実践していたルーサー・ホワイティング・メーソン〔一八一八〜九六〕を、唱歌教育の協力者として日本に招きます。伊沢は、メーソンと他の音楽家や文学者の協力を得て、一八八一(明治一四)年から一八八四(明治一七)年にかけて、三冊からなる『小学唱歌集』を公刊します。

三冊に含まれる九一曲の中には、地歌と箏曲によるもの、伶人による作品もありますが、こうした日本的なものは一一曲にすぎません。例えば、学校の卒業式で歌われる《蛍《ほたる》》(「ほたるのひかり、まどのゆき」)はスコットランドで歌われていた歌です。また、《あおげば尊《とうと》し》(「あおげばとうとし、我が師の恩」)はアメリカで歌われていたことが、二一世紀になってからの研究で判明しました。

この歌集の特徴は、次の五点に要約されます。第一は、西洋の長調か短調でオクターヴの七つの音を含む旋律がほとんどであり、広い跳躍《ちょうやく》もあること。第二は、拍子をもたないリズムの曲がなく、二拍子や三拍子などが使われていること。第三は、付点のリズム(付点四分音《おん》符《ぷ》と八分音符、付点八分音符と十六分音符の組み合わせ)が使われていること。第四は、歌詞の一音節に一音符が対応することが多く、一音節に複数の音が付くのはむしろ例外であること。そして第五点は、五線譜とアラビア数字による楽譜が使われることです。

この唱歌集第一編の最初に音階の説明があります。五線譜に数字譜を対応させています。ドを1とし、オクターヴ上のドを示す1には右側に点が付けられています。この数字による音の示し方が、その後に考案される日本音楽の記譜法で使われます。

その後も中学校用の唱歌集、国語や地理を教えるための唱歌集がつくられます。そして、一九〇七(明治四〇)年に義務教育が六年になったことに対応して、六冊の『尋常《じんじょう》小学唱歌』[一九一一〜一四]が発行されます。

『尋常小学唱歌』は、音楽的には三〇年前の『小学唱歌集』と同じ特徴をもっています。しかし、『小学唱歌集』の八割以上が西洋の歌であったのに対して、こちらはすべて、日本人によって作詞・作曲されたものです。歌詞には、徳性の涵養《かんよう》や忠君愛国を表すものもありますが、日本の歴史と地理、子供の生活に密着した題材(例えば、人形、かたつむり)が選ばれています。

これらの歌は、『小学唱歌集』の曲よりも普及しました。義務教育が六年になっただけでなく、どこの学校も音楽を教えるようになり、また、教える能力のある教員が増えたからです。

文部省は、その後も改訂を続けますが、この唱歌集に収められた歌が後続の教科書に取り入れられたため、大正から昭和前期に生まれた人たちは、『尋常小学唱歌』にある歌、例えば《故郷《ふるさと》》を、自分たちが共通にうたえる歌と感じているようです。

なお、『尋常小学唱歌』で、子供たちが使う教科書の楽譜だけでなく、教師用の伴奏譜が別に出版されたことは、以前よりも多くの学校がオルガンやピアノを備えたことを示しています。子供たちに単旋律で歌わせるのではなく、伴奏を付けて歌わせることが、長調・短調の和音の動きを中心にした和声的な西洋音楽の導入を進めます。文明開化のために西洋音楽を導入した政府の方針が、日本人に西洋的な和声感も植え付けたのです。

子供たちは、家庭で日本音楽を習っていても、学校では西洋音楽的な唱歌を歌い、また、五線譜を習いました。そのため、二重音楽性といって、二つの音楽様式(日本音楽と西洋音楽)を扱う能力をもつ人が増えていきました。雅楽の伶人がその典型ですが、日本音楽の他のジャンルにもこうした人が現れます。現代では、三つ以上の様式を扱う人もいますので、多音楽性という用語の方が適切でしょう。これが、その後の日本音楽のあり方に影響を与えます。

音楽の専門教育

日本における最初の音楽学校は、奈良時代の雅楽寮《うたまいのつかさ》です。このような音楽学校は、中世・近世では創られず、教育は、ジャンルごとに個人的に行われました。しかし、近代になると、西洋の影響で音楽学校がまた創られました。

宮内省職員となった雅楽の音楽家(伶人)は、多様な雅楽に加えて、一八七四(明治七)年に西洋楽器の習得も始めます。それは、宮廷儀礼での西洋音楽の役割が大きくなり、軍楽隊だけでは担当できなくなったからです。こうして、伶人は雅楽と近代西洋音楽という、二つの音楽様式を学ぶことになります。この方針は、宮内省が一八八一(明治一四)年に始めた雅楽の教育制度から、現在の楽部まで続きます。

他方、文部省は、一八七九(明治一二)年に音楽取調掛《とりしらべがかり》という組織をつくります。その目的は、日本と西洋の音楽からよいところを取って新しい音楽を作ることと、そのための人材の育成でした。その成果の一つが前出の『小学唱歌集』です。この組織が一八八七(明治二〇)年に官立(国立)の東京音楽学校になります。

文部省は、美術教育に関しても、同じ年に官立の東京美術学校を創ります。この二つが、現在の東京藝術《げいじゅつ》大学の音楽学部と美術学部の前身です。美術学校では、第二代校長の岡倉《おかくら》天心《てんしん》〔一八六二〜一九一三〕が伝統的な日本画と工芸の教育を推進しますが、音楽学校（初代校長は伊沢修二）では、和洋折衷としながらも西洋音楽の教育だけが推進され、日本音楽の専門課程はつくられませんでした。したがって、東京音楽学校は、雅楽の教育機関と異なり、二重音楽性の教育を行わず、西洋音楽を教育の中心に置きました。

それでも東京音楽学校は日本音楽を含める努力を行い、一九一二（大正一）年には能楽囃子《はやし》科を作り、昭和に入ってからは実技を学べるジャンルを増やし、一九三六（昭和一一）年に箏《そう》曲《きょく》・能楽・長唄を専攻とする邦楽科を設置します。これによって、邦楽を音楽学校で習う、という考えがしだいに定着します。そしてこの時期からの長唄や箏曲の授業では、楽譜を使って教授するのが一般化します。

のちに生まれた私立の音楽学校（教えるのは西洋音楽）を含めて、この時代の音楽学校への入学者は、男子の中学校と女子の女学校の卒業生です。したがって、年齢的には旧制高等学校や、工業や商業の高等専門学校と同じで、当時の大学生よりも若い人が入学しました。

（八）近代の日本音楽の状況

歌詞改変の動き

一八七二（明治五）年、近代初めにつくられた神祇《じんぎ》官《かん》（のちの神祇省《じんぎしょう》）は廃止され、かわって、神道だけでなく仏教ほかの宗教の管理と、国民に対する宗教教育を担当する教部省《きょうぶしょう》がつくられました。

教部省は、「音曲と歌舞」つまり音楽と楽劇が人びとの心と風俗《ふうぞく》に深く関係すると考え、音楽と演劇に関する指令を出します。一八七二(明治五)年に出された指令には、次の三つの項目があります。第一は、演劇において歴代天皇をみだりに題材にしないこと。第二は、演劇でも音楽でも、勧善懲悪《かんぜんちょうあく》(善《よ》いことを勧《すす》め、悪を懲《こ》らしめること)を主な内容にして、みだらなことや、みっともないことを扱わないこと。そして、第三が、演劇や音楽を職業とする者も、社会の規則にしたがうべきこと。

この指令によって、能楽・歌舞伎《かぶき》・文楽の内容と、従事する者の行動が規制されます。同時に、歌舞伎と文楽に結びついた三味線音楽の歌詞も規制されます。

こうした方針に対応したのが、当時の長唄界を代表する三世杵屋《きねや》勘五郎《かんごろう》[一一代杵屋六左衛門《ろくざえもん》、一八一五～七七]です。彼は一八七五(明治八)年に、長唄の中で、主として男女の仲をあからさまに扱った歌詞を訂正します。例えば、「年も二八(二八は一六歳の意味)の恋ざかり」を「いとけなきより手習《てなら》いを」に修正するという具合です。三味線のパートはそのままにして、歌の言葉だけを変更するのが原則です。

すでに挙げた京都女学校の唱歌の歌詞も、同じ方針で修正されています。また、音楽取調掛が編集した『箏曲集《そうきょくしゅう》』〔一八八八〕にも、同じ方針がみられます。これらは、新たにまじめな替え歌を作る作業です。

新しい曲を作曲する場合も、この方針にしたがう必要があり、実際、明治に入ってから作られた長唄や箏曲には、無難な内容の歌詞をもつものが多くあります。

近代の名人と内発的変化

近世から近代になったからといって、人びとの音楽の好みが急に変わるわけではありません。明治二〇年代になっても、近世の江戸時代から活動をしていた音楽家が活躍するのは当然です。その意味では、明治時代の日本音楽には、音楽の演奏と聴き方に、江戸時代からの連続が見られます。そして、雅楽・能楽・三味線音楽などで、多くの名人が活動していました。

こうした名人たちも、社会制度の変革を受けて、新しい試みを行うようになります。能と三味線音楽を組み合わせた吾妻《あずま》能狂言が一八六九(明治二)年頃に始まり、ほぼ一〇年続いたのも、社会制度変革の影響です。

一般に、音楽の変化には二つの種類があります。一つはある音楽様式が、異なる音楽、とりわけ異なる文化の音楽に接触することで生まれる変化です。これを文化触変《しょくへん》と呼びます。

もう一つは、一つの音楽様式の中で、音楽家の創意工夫によって起こす変化です。それを内発的変化と呼びます。

近世の三味線音楽や箏曲で生まれた変化は内発的なものでした。近代の前半でも同じです。それに対して、近代の後半では、西洋音楽との接触による文化触変が目立ちます。

近代前期に豊かな内発的変化が起こったのは、それぞれのジャンルで近世の終わりに多数の名人が出て、彼らが近代に入っても活躍を続けたからです。

長唄は、歌舞伎と結びついているため、その創作方法には前代までの音楽様式にしたがう面がみられます。それでも、新しい時代が創作のための触媒《しょくばい》として働いて、音楽家たちに、それまでよりも自由に内発的変化が起こることを助けたように見えます。

こうして生まれた長唄をいくつかあげます。《綱館《つなやかた》》[一八六九、三世杵屋勘五郎]、《船弁慶《ふなべんけい》》[一八七〇、二世杵屋勝三郎《かつさぶろう》]、《元禄風花見踊《げんろくふうはなみおどり》》[一八七八、三世杵屋正次《しょうじ》(治)郎《ろう》]。これらの曲はすべて明治時代の作品ですが、江戸時代の作品からとくに区別されず、古典として定着しています。

他のジャンルでも、明治前半に作曲された作品がそれぞれのジャンルの代表曲になっています。常磐津節《ときわずぶし》の《釣女《つりおんな》》[一八八三、六世岸沢式佐《きしざわしきさ》]や《戻橋《もどりばし》》[一八九〇、六世岸沢式佐]、清元節《きよもとぶし》の《三千歳《みちとせ》》[一八八一、清元お葉《よう》、あるいは、二世清元梅吉《うめきち》]などです。これらの作品は、近世に形成された音楽様式がまだ新しい作品を生み出す力をもっていたことを示しています。それと同時に、当時の名人たちが規範となる演奏を行ったことで、これらの曲が伝えられました。

義太夫節《ぎだゆうぶし》では、優れた演奏の模範を残した点で、三味線弾きの二世豊澤団平《とよざわだんぺい》［一八二八〜九八］が重要です。彼は、作品を深く解釈して、それを実現するための正確な演奏で、義太夫節の演奏水準を高めました。また、彼は三味線弾きとして、竹本摂津大掾《たけもとせっつだいじょう》［一八三六〜一九一七］や三世竹本大隅太夫《おおすみだゆう》［一八五四〜一九一三］らの太夫を育てましたので、これらの太夫と団平の弟子の三味線弾きが、団平の義太夫節演奏を伝えました。

文楽は太夫・三味線弾き・人形遣いで上演されますが、文楽の音楽である義太夫節を、人形なしで、これを音楽として聴く慣習が近世からありました。最初は声だけの演奏が素語《すがた》りあるいは素浄瑠璃《すじょうるり》と呼ばれましたが、その後は人形なしの声と三味線だけの演奏が素浄瑠璃とされています。この意味での素浄瑠璃は、近代の東京でも、純音楽として聴かれたのです。

演奏団体と演奏会の組織化

三味線音楽の中でも長唄は歌舞伎と結びついた音楽ですが、すでに近世から純音楽として演奏する慣習がありました。例えば、《綱館》を作曲した杵屋勘五郎は、長唄を歌舞伎以外で行った膨大な演奏記録を、『御屋舗番組控《おやしきばんぐみひかえ》』として記録しています。この記録から、演奏会用に作曲された長唄も、歌舞伎のための長唄も、劇場を離れて演奏され、音楽として楽しまれたことがわかります。また、杵屋勝三郎も同じような活動をしたことが知られています。

長唄を音楽として聴く近世の慣習を近代化した形で始めたのが、長唄研精会《けんせいかい》です。一九〇二(明治三五)年に、唄の四世吉住小三郎《よしずみこさぶろう》[のちの吉住慈恭《じきょう》、一八七六〜一九七二]と三味線の三世杵屋六四郎[のちの稀音家浄観《きねやじょうかん》、一八七四〜一九五六]が作った組織で、長唄を舞踊《ぶよう》や歌舞伎から切り離して、ホールでの定期演奏会で音楽として聴かせるものです。ここに西洋音楽の音楽会の影響があります。

この会では、古典作品だけでなく、この会のために二人が別々に、あるいは共同で作曲した作品が発表されました。例えば、二人の共作による《紀文大尽《きぶんだいじん》》[一九一二]は、構成と響きの斬新《ざんしん》さで、長唄における内発的変化を見事に示していますが、それを発表する演奏会は文化触変によって生じたものです。

長唄の他の組織も類似の活動を始めます。例えば、長唄の秀でた演奏家・作曲家であった四世杵屋佐吉《さきち》[一八八四〜一九四五]は、長唄芙蓉会《ふようかい》をつくり、時代にふさわしい歌詞で芙蓉曲という三味線歌曲を作り、また、声を伴わない三味線だけの音楽を三弦主奏楽《さんげんしゅそうがく》と呼んで、《墨田《すみだ》の四季》ほかを発表しました。

佐吉は長唄でも優れた曲を書き、そこに創意工夫による内発的な変化を示していますが、文化触変も示しています。セロ三味線という大型で低音域の三味線の製作（一九二一年）が、そのよい例です。彼はその翌年にはこれよりも低い音域のために、もっと大きなコントラバス三味線（豪弦《ごうげん》）を作って、低い音域を拡げました。長唄の代表的な演奏家であった佐吉が、新しい楽器を作り、新しい作品を発表したことは、古典と創作が両立することを示し、その後の日本音楽に新しい道を示しました。

三味線音楽における融合の試み

また、近代には、三味線音楽に新しいジャンルも生まれました。それが東明節《とうめいぶし》と大和楽《やまとがく》です。両方とも、それまでは別々に演奏されていたジャンルを融合させる試みです。少しずつ異なる音楽様式を利用する点では、小さな文化触変と呼ぶことができます。

実業家の平岡熙《ひらおかひろし》［一八五六～一九三四］が始めた東明節（一九一〇年、のちに東明流）は、江戸浄瑠璃・外記節《げきぶし》を基本に、そこに長唄・常磐津節・清元節などの要素を加え、箏《こと》も加えたものです。彼の《大磯八景《おおいそはっけい》》や《向島八景《むこうじまはっけい》》などが、彼の意図に賛同した長唄・清元・山田流箏曲の名人たちによって演奏され、現在に伝承されています。

実業家の大倉喜七郎《おおくらきしちろう》［一八八二～一九六三］が考案した大和楽（一九三三年）は、地歌・箏曲・

長唄・清元節と西洋音楽の発声法を融合する試みで、現在でも新しい作品が作られています。

大和楽との関連で、大倉は尺八の楽器改良にも取り組みました。伝統的な五孔《ごこう》の尺八では、西洋音楽的な音高を正確に出すことが難しいので、尺八を金属で作り、息を吹き込む歌口《うたぐち》は尺八の形のままにして、そこに西洋の木管楽器で使われるキーを付けました。つまり、尺八の音色を保ちながら、均質で正確な音高を容易に出せるように工夫したのです。この楽器は、大倉の名前と古代ギリシャの管楽器アウロスから「オークラウロ」と命名されました。

このように、東明節と大和楽は、日本の音楽家たちに、ジャンルを超えて、一緒に演奏する機会を与えた最初期の試みです。

新しい琵琶《びわ》の音楽

近代に全国的に知られた音楽が、薩摩《さつま》琵琶と筑前《ちくぜん》琵琶です。このジャンルの成立には、近世における当道座が関係しています。近世の九州では、当道座に属さない盲人で三味線を弾く人たちが活動していました。しかし、京都の当道座は、幕府から与えられた権威を用いて、彼らが三味線を使うことを禁止しました。そこで彼らは、三味線を琵琶に持ち替えて、盲僧《もうそう》として、土地の神である地神に祈る地神経《じしんきょう》や竈《かまど》の神に祈る荒神経《こうじんきょう》といった経典を、琵琶を弾きながら唱えて生計をたてました。彼らが使った琵琶(盲僧琵琶と総称)は、平家琵琶から生まれた小型のものです。

ところが一八七一(明治四)年に盲僧の制度が廃止され、僧侶でいることも、宗教活動も禁止されました。琵琶による音楽活動は許されたため、芸能活動に転向した盲僧も多くでましたが、一部の盲僧は復権運動を続けました。そして一九〇七(明治四〇)年に政府から許可を得て、天台宗の地神盲僧として福岡の成就院《じょうじゅいん》と鹿児島の常楽院《じょうらくいん》に所属することになりました。その結果、盲僧が演奏していた音楽が、現在でも伝承されています。

こうした地域の琵琶の音楽から、二つの新しいジャンルが生まれ、それが近代の東京に、そして東京から他の地域にもたらされます。まず一つめは、薩摩琵琶で、近代にふさわしい作品が作られました。その題材は、合戦や歴史的な出来事なので、近代化の方針からの批判を受けません。典型的な作品が、西南《せいなん》戦争(一八七七年)で死んだ西郷隆盛《さいごうたかもり》の最期を描く《城山《しろやま》》です。薩摩琵琶の代表的な音楽家、西幸吉《にしこうきち》[一八五五～一九三一]が明治天皇の前で演奏したことは、このジャンルの地位を引き上げたことでしょう。薩摩琵琶はその後種々の派に分かれ、楽器には、四弦《しげん》琵琶と五弦琵琶があります。

薩摩琵琶の音楽は、シラビック、つまり、一音節が一音で語られる部分が多いため、物語が聴き手によく理解されます。薩摩琵琶には、時代と流派で違いはありますが、柱《じゅう》と呼ばれる高いフレットが四個か五個しかないため、柱にない音高は、弦を強く押さえてつくります。

また、撥《ばち》は三味線のものよりも大きく、弦を弾くだけでなく、楽器の表面を激しく打つためにも使われます。薩摩琵琶は士気を鼓舞《こぶ》する音楽と考えられたので、第二次大戦中でも、抑圧されませんでした。

もう一つ、筑前琵琶というジャンルも筑前盲僧の伝統から生まれたものです。晴眼者《せいがんしゃ》でありながら福岡で盲僧として活動していた橘 旭翁《たちばなきょくおう》〔一八四八〜一九一九〕が、鹿児島で薩摩琵琶を学んで、そこに三味線音楽の要素も加えてこのジャンルを作りました。

彼が一九〇二(明治三四)年から東京で本格的な活動を開始したことで、このジャンルが全国的に知られます。題材に忠君愛国の話が多い点は薩摩琵琶と共通です。四弦と五弦の琵琶がありますが、どちらも、薩摩琵琶の楽器よりもやわらかい響きを出すのが特徴です。

(九) 近代における三曲界《さんきょくかい》と文化触変《ぶんかしょくへん》

これまでも述べてきたように、三弦・箏・胡弓(あるいは尺八)の三種の楽器による合奏を「三曲合奏」と呼びます。まぎらわしいのですが、これらの楽器による音楽を、たとえ独奏でも「三曲」と呼びます。「三曲界」とは、これら四つの楽器の音楽家の集まりです。

三曲はもともと、楽劇と関係なく、室内で演奏されました。三曲では、楽劇のきまりを考慮せずに、音楽様式を変化させ、新しい作品を作ることができます。そのため近代の後半の三曲でも、内発的変化とともに、西洋音楽から、あるいは西洋音楽の伝承制度から、文化触変が生まれます。

三曲の専門家は、本手《ほんて》・替手《かえて》や三曲合奏によって複数声部を扱うことに慣れていましたから、複数パートをもつ西洋音楽に関心をもちました。

三曲の多くの音楽家が、文化触変による新曲を発表しましたが、ここでは、先駆的な行動をとった四人に焦点を合わせます。生年順に記すと、中尾都山《なかおとざん》〔一八七六～一九五六〕、米川琴翁《よねかわきんおう》〔一八八三～一九六九〕、宮城道雄《みやぎみちお》〔一八九四～一九五六〕、中能島欣一《なかのしまきんいち》〔一九〇四～八四〕です。

まず、彼らの出自をみていきます。中尾は普化宗の尺八を学び、母から地歌・箏曲を学び、そして西洋音楽を知り都山流という新しい尺八の流派を作ります。米川と宮城は地歌・箏曲で育ち、古典の膨大なレパートリーをもっていました。中能島は山田流箏曲家で同じく古典のレパートリーをもっていました。三人の箏曲家は古典の演奏でも名人でした。

西洋音楽との接触で生まれた三曲での文化触変を、彼らの作品と演奏の方法から要約します。

響きの拡大

まず、二人や三人で演奏できる曲を、各パートの人数を増やして演奏することから始まります。米川と中尾が一九二一（大正一〇）年に吉沢検校《けんぎょう》の《春の曲》を二十余人の箏と一八人の尺八で演奏しました。米川は、自分の主催する研箏会《けんそうかい》の一〇周年記念演奏会（一九二九年）を歌舞伎座で開いた際にも、大合奏を実現します。

宮城も、西洋音楽の形式を使った合奏曲で、それぞれのパートを多人数で演奏させ、中能島も自作の《三弦協奏曲第一番》［一九三四］で、合奏の箏パートの人数を多くしています。これらの試みは、室内楽としての作品を、大合奏で演奏するもので、西洋の管弦楽の影響と見ることができます。中尾も、自作の尺八二重奏曲や四重奏曲の各パートの人数を増やして、自分の指揮で演奏しました。

音域の拡大

西洋の合奏に比較して問題になるのは、日本の楽器に低音域のものがないことでした。先述の杵屋佐吉の大型三味線も、このために考案されたものでした。米川は二つの四重奏曲《収穫《とりいれ》の野》［一九一九］と《潮《うしお》の響《ひびき》》［一九二〇］で低音十三弦箏を披露《ひろう》します。これは、箏を長くして、太い弦を張ることによって、低い音域に対応させたものです。

同じ目的のために、宮城は十七弦箏（一九二一年）を考案し、中能島は十五弦箏（一九三六年）を考案します。また、宮城は、胡弓についても、低い音域のために大型のものを考案しました。

声部数の増大と声部の独立性

地歌・箏曲の本手・替手の組み合わせ、あるいは、三曲合奏における三種の楽器の組み合わせは伝統的に行われていましたが、さらに複雑なパートの組み合わせが考えられます。これは、米川の四重奏曲、宮城の大合奏曲、あるいは中尾の尺八二重奏曲・四重奏曲で始まります。

中尾が作曲した都山流本曲と呼ばれる尺八音楽では、それ以前の尺八音楽と異なり、拍と拍子構造が明確に記譜されているので、複数の声部の合奏が可能になったのです。

西洋音楽の形式の利用

日本の古典作品には、曲の最初の部分を曲中で再現する作り方はありませんでした。しかし、宮城は箏と尺八のための《春の海》［一九二九］で、最初の部分を後半で再現させています。またこの曲での箏と尺八の関係は、ヴァイオリンやフルートとピアノの組み合わせを思わせるもので、それまでにない方法です。西洋音楽では、即興を行う部分をカデンツァと呼びますが、米川はすでに述べた四重奏曲でこれを用いています。

独奏楽器の名人芸と合奏を組み合わせるコンチェルト（協奏曲）の形式は、中能島の箏協奏曲で用いられます。また、変奏曲の形式も使われるようになります。変奏曲とコンチェルトを結びつけた作品が、宮城の《越天楽変奏曲》〔一九二八〕です。この曲における雅楽の要素は、雅楽《越天楽》の主題だけでなく、打楽器パートで使われている鞨鼓《かっこ》のリズム型にも見られます。また宮城は、カンタータの形式を合唱合奏曲と呼んで、《道灌《どうかん》》〔一九三六〕から用いています。

標題音楽と標題のない音楽

気分や情景を描写する西洋の器楽のための標題音楽も、日本音楽に影響を与えました。それは、米川の《収穫の野》や、宮城の《落葉《おちば》の踊《おどり》》〔一九二一〕など多数にのぼります。中尾は自作の尺八曲に、《慷月調《こうげつちょう》》《海辺の夕映《ゆうばえ》》などと、すべて標題をつけ、しばしば、作曲の経緯と標題の関係を記しています。

より若い中能島は、標題音楽だけでなく、抽象的な音の組み合わせで音楽を構築することも試みました。その例が、箏独奏曲《三つの断章》〔一九四二〕です。「断章」は、短い器楽曲に使われたフランス語のバガテルの訳語で、標題ではありません。

以上が、三曲における文化触変の例です。他にも多くの音楽家が右に述べた傾向をもつ作品を発表しています。この時代の作品は、それぞれ楽譜に記されて発表されますので、遠くにいる演奏家や流派の異なる演奏家も演奏するようになります。

（一〇）日本音楽の新しい記譜法

第一章から述べてきたように、日本は、音楽を文字や記号で記す記譜法の長い歴史をもっています。しかし、その記譜法はジャンルごとに異なり、同じ三味線音楽でも、例えば、近世の地歌・義太夫節・長唄では、それぞれ異なる記譜法が使われていました。

近代になると、記譜法にも、西洋音楽との接触から起こる文化触変が起こります。それはまず、異なるジャンルの音楽を、西洋の五線譜で記すこととして現れます。

一九世紀でも、また、現代でも、西洋音楽には、記譜によらず口頭で伝承されているジャンルがあります。しかし、近代の日本に導入された音楽は、記譜された西洋音楽だけでした。その影響で、日本の古典的な作品を五線譜で記譜して、正統的な楽譜を作る動きが起こります。文部省は、この目的のために、一九〇七（明治四〇）年に、邦楽調査掛《ちょうさがかり》という組織をつくり、その後約一五年にわたって、日本音楽の多くのジャンルの演奏を、五線譜で記録し、蠟《ろう》管《かん》（後述）に録音しました。

ベルリン大学で音響学の分野で大きな業績を挙げた田中正平《たなかしょうへい》［一八六二〜一九四五］も、一八九九（明治三二）年に帰国すると、邦楽研究所をつくり、そこで多くの曲を五線譜で記録しました。田中が作成した五線譜は、日本の楽譜集だけでなく、ドイツの音楽学の書物にも、使われています。

日本音楽の五線譜は、音の動きを知るためには便利ですが、五線譜による唱歌教育を受けていた、当時の演奏者にとっては使いにくいものでした。そこで、それぞれの楽器の奏法に結びついた記譜法が考案されたのです。西洋との文化触変が見られる、新しい記譜法として、以下のものを取り上げます。

① 吉住小十郎考案による長唄研精会のための長唄譜（一九一六年頃）
② 四世杵家《きねいえ》弥七《やしち》が考案した三味線文化譜（一九二二年）
③ 米川琴翁による十三線式箏譜（一九二三年）
④ 米川琴翁による三線式三弦譜（一九二五年）
⑤ 家庭式三味線譜（一九二八年）
⑥ 家庭式箏譜（一九二八年）

これらの記譜法には、縦書きの①⑤⑥と、横書きの②③④があります。

次に、音名あるいは音階上の高さを記すか、それとも箏の弦名や三味線の勘所《かんどころ》を示すかで、違いがあります。前者が①で、後者が他のすべてです。

　まず、**楽譜4－1**は長唄の旋律型〈序〉を①で記す方法です。ドを1で表す『小学唱歌集』の表記が応用されています。7はシ、右に点の付いた2はオクターヴ上のレを示します。横線は小節線、数字の左側のタテ線は八分音符を示します。その横にある「テチチリ」などのカタカナは、三味線のための唱歌《しょうが》(口三味線とも)で、主として奏法を示します。

　これに対して、②では、三本の横線が、下から三味線の一の糸、二の糸、三の糸に対応し、その線の上に勘所がアラビア数字で示されています。**楽譜4－2**は、同じく〈序〉をこの方法で記したものです。開放弦は、調弦の種類を問わず、すべて0で示されます。音の長さを半分にするためには、数字に下線が付けられています。

　地歌・箏曲の分野で、五線譜の要素を入れて新しい記譜法を考えたのが、米川琴翁です。彼は拍の長さを正確に示すために、西洋の全音符や二分音符などの表記が便利であると考えたのです。

　まず、③では、一三本の横線を箏の一三弦に対応させています。箏を弾く人から見た弦の位置に対応させて、一三本の線の一番上を箏の一弦

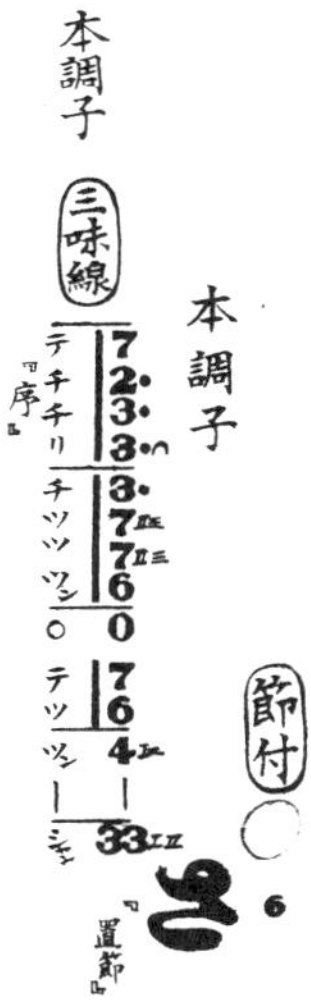

楽譜4-1　長唄
小十郎譜〈序〉

楽譜 4-2　三味線文化譜〈序〉

にしています。読み取りやすいように、箏の六・七・八の弦を示す線が、他の線よりも太くなっています。五線譜と対照した《練習曲》(楽譜4－3)から、この記譜法の特徴を見てください。

米川琴翁が作成した④の記譜法は、三味線文化譜に似て、三本の線を三味線の三本の糸に対応させ、その上に勘所を数字で記していますが、音の長さは西洋の音符で記されています。

近世に作られた三味線や箏の楽譜は縦書きでしたので、横書きよりも縦書きの記譜法を好む人がいます。この好みに対応するのが、「家庭式」と呼ばれる縦書きの三味線譜⑤です。勘所を数字で示す方法は他の記譜法と同じですが、一の糸の勘所はカタカナのイと漢数字で、二の糸では漢数字で、そして三の糸ではアラビア数字で示すのが新しい点です。

なお、箏の弦名を漢数字と漢字(斗《と》・為《い》・巾《きん》)で示す縦書きの家庭式箏譜⑥も広く使われています。

西洋との文化触変は尺八の記譜法にも影響を与えました。音高の表記には、指の押さえ方を使って、ロ(一尺八寸の尺八ならば、レ)、ツ(ファ)、レ(ラ)、ハ(ド)などとカタカナで示す伝統的な方法が使われますが、そ

楽譜 4–3　米川琴翁《練習曲》の十三線式箏譜と五線譜

こに長さの表記が加わりました。例えば、中尾都山は、音の長さ（音価）を示すために西洋の音符を応用した新しい記譜法を使用しました。彼は、曲を大勢で演奏するためにも、合奏曲の各パートの関係を示すためにも、音価を正確に記すことが必要と考えたのでしょう。

なお、地歌・箏曲界では、点字楽譜も使われます。これはフランスのルイ・ブライユ［一八〇九～五二］が考案したブライユ記譜法で、五線譜の音高と音価を、指で触ってわかるように、紙の上に打ち出される点の組み合わせで示す方法です。例えば、目が見えなかった宮城道雄は点字タイプライターでこの記譜法を使いましたので、五線譜で作曲したことになります。

箏・三味線・尺八を中心に近代に現れた新しい記譜法は、伝承のための楽譜の役割を大きくしました。子供や初心者への曲が、それぞれの流派の記譜法で記され、また、新しい作品が口頭で伝承されるだけでなく楽譜によって、作曲者から離れた人びとや、異なる流派へ伝えられます。

（一一）近代末期の状況

近代日本の基本方針である文明開化と神道の重視は、どれも成果をあげました。この方針で導入された西洋音楽はしだいに普及し、それをヴァイオリン・オルガン・ピアノなどの西洋楽器の国内生産と五線譜の出版が助けました。

二〇世紀にはいると、レコードと放送というメディアの役割が大きくなります。日本音楽も最初は、エジソンが発明した蠟管《ろうかん》（蠟を塗った円筒《えんとう》）という装置に録音され、やがて円盤のレコードに録音されました。とくに一九三五（昭和一〇）年頃から発売されるレコードが増加し、レコードは、西洋音楽も、西洋楽器の伴奏で歌う歌謡曲も普及させました。

ラジオ放送は、一九二五（大正一四）年の試験放送を経て、一九二八（昭和三）年から全国放送になり、日本音楽は、現在よりもよく放送されていました。昭和一〇年代後半には、人びとは戦争のニュースや空襲《くうしゅう》警報をラジオで知り、一九四五（昭和二〇）年八月一五日正午に放送された昭和天皇の終戦の言葉を、多くの人がラジオで聴きました。

日本は一九三一（昭和六）年に満州《まんしゅう》事変を、一九三七（昭和一二）年に日中戦争を、そして、一九四一（昭和一六）年に太平洋戦争を開始したので、一五年におよぶ長い戦時体制が続きました。一九三七年に始まる国民精神総動員運動、そして、一九二五(大正一四)年に制定され、のちに改定された治安維持法《いじ》が、芸術活動を抑圧していきます。

一九四〇(昭和一五)年に内閣《ないかく》情報局がつくられ、それが芸術の管理を行うようになります。情報局は『週報』を発行して、例えば、一九四三(昭和一八)年一月二七日号では米英音楽の追放を掲《かか》げ、ジャズ追放の方針とともに、「演奏不適当な主な曲」として大量の曲を挙げ、さらに敵国米英の音楽のレコードをレコード店から引き上げることを命じます。

こうした時代の流れを生き抜くために、早くも一九三九(昭和一四)年には、長唄の代表的な演奏家が集まって、長唄歌曲審議会《しんぎかい》を作り、長唄の歌詞を検討します。三味線の手は絶対に変更しないことに決めて、「皇道精神に順応し、興亜《こうあ》体制の思想」を考えて、問題のあると思われる歌詞を改訂します。審議会は一〇〇曲以上の長唄の改訂歌詞を出版して、その年の一一月からはそれを使うようにと指示しています。

警視庁も音楽活動に関与しました。一九四〇年には音楽・芸能活動に従事する者を管理するために、技芸者之証を発行し、これの交付を受けない者は演奏活動をしてはならないと決めます。この申請手続きには、ジャンルごとの協会、例えば、大日本三曲協会や長唄協会が役割を果たしました。

能楽でも、この時代に対応する作品が作られました。例えば、一九四一(昭和一六)年に初演された能《忠霊《ちゅうれい》》は、名誉の戦死をとげて靖国神社に祭られている英霊が主人公の作品で、たびたび上演されました。この能が、歌舞伎と文楽にも移されて、上演されました。

一九四四(昭和一九)年になると大劇場が閉鎖《へいさ》され、個人の演奏会も、それぞれの流派や師匠が開くおさらい会も禁止になります。「贅沢《ぜいたく》は敵だ」という当時の考え方から、日本音楽の演奏会は、批判されがちでした。

しかし、こうした政府の政策は、不思議なことに、日本音楽ではなく、西洋音楽を促進しました。日本精神を強調しながらも、学校の行進で使う音楽も、ラジオの臨時ニュースで流される音楽も、西洋の楽器編成による西洋音楽か、西洋音楽をもとにした日本の作品だったからです。

一九四一年に、小学校は国民学校と改称され、そこでの音楽教育では、外国語のドレミに代わって、日本音名が使われました。生徒たちは、ドレミファソラシドの代わりに、ハニホヘトイロハと歌い、ドミソの和音をハホトの和音と呼びました。しかし、政府が音名の呼び方を日本化しても、使ったのは、西洋音楽の音階や和音で、日本音楽を盛んにしたわけではありません。

日本精神や大和魂《やまとだましい》を叫びながら、音楽に関しては、このように西洋音楽を推進した近代末期の状況が、第二次大戦後の日本で西洋音楽が盛んになるのを準備したのです。

第五章

現　代

現代邦楽の合奏．左に長唄三味線，右に尺八，中央前方に箏と十七弦箏，後方に囃子《はやし》（写真提供：日本製鉄文化財団 紀尾井ホール）

（一）敗戦国日本と音楽

この章で扱うのは、太平洋戦争後の一九四五（昭和二〇）年から現在までの時期ですが、少し前の状況から説明しましょう。

明治初年に定められた、神武《じんむ》天皇の即位年に始まる日本の暦《こよみ》に従い、日本は一九四〇（昭和一五）年を紀元《きげん》二千六百年として、その祝典を開きました。その記念のために作曲された多数の日本音楽作品とともに、日本からの依頼に応えて、ドイツのリヒャルト・シュトラウス［一八六四〜一九四九］らの海外の作曲家が作曲した祝典曲も演奏されました。

この祝典は、日本の西洋音楽の作曲家にも発表の機会を与えました。この年は、すでに戦争中であり国内の物資も不足していましたが、まだ空襲《くうしゅう》はなかったので、祝典行事も演奏会も無事に開催されたのです。

同じ年に日本は、ドイツとイタリアと三国同盟を結んで、アメリカやイギリスとの関係を悪化させ、翌年の一二月に日本は英米ほかの連合国を相手に、太平洋戦争を開始しました。同盟国のイタリアとドイツが日本より早く降伏したため、一九四五年五月からは、日本だけが連合国と戦争をしている状態でした。

二度の原子爆弾《ばくだん》投下を経て、日本は連合国側が降伏を呼びかけたポツダム宣言を受諾《じゅだく》し、八月一五日には昭和天皇が終戦詔書をラジオ放送で国民に発表します。「終戦」といっても、日本にとっては「敗戦」でした。

日本が降伏文書に調印するのは九月二日(沖縄戦の降伏調印は九月七日)ですが、八月一五日からは日本本土での空襲も灯火《とうか》管制もなくなったので、人びとはこの日を終戦の日として強く記憶することになります。

日本が初めて経験した地上戦、空襲、原子爆弾、そして国外にいた日本人が受けた大きな被害は、これからも記憶されるべきことです。しかし、帝国主義による近代化方針によって日本が日清戦争(一八九四～九五年)から敗戦までの半世紀にアジア諸国に行った侵略と加害についても、忘れるべきではありません。

日本とアジア諸国との不幸な関係は、音楽の交流にも影響を与えています。現在でも、日本音楽がアジア諸国で受け入れられないことがありますが、その背景に日本とこれらの国との間の歴史的な経緯があることはもっと強く意識されるべきです。

さて、一九四五年の終戦から、日本は初めて外国軍に占領《せんりょう》されます。日本本土で占領が終わるのは、講和条約が発効する一九五二(昭和二七)年四月二八日ですが、小笠原諸島と奄美《あまみ》大島と沖縄《おきなわ》は本土から分離されたままで、アメリカによる直接統治が講和条約の発効後も続きます。奄美大島が日本に返還されたのは敗戦から八年後の一九五三(昭和二八)年、小笠原諸島が二三年後の一九六八(昭和四三)年、沖縄の日本復帰が実現したのは、敗戦から二七年後の一九七二(昭和四七)年のことです。

連合国の占領軍(日本では「進駐軍《しんちゅうぐん》」と呼ばれました)は、日本の陸軍と海軍を解体しますが、その他の省庁は残して、それを使って間接的な統治を始めます。そのため、教育を扱う文部省もそのまま残されます。

一方、進駐軍は、近代日本の方針であった祭政一致、国家神道《しんとう》、軍国主義などを排除します。早くも終戦直後の秋には、この方針による指令が小学校(当時の国民学校)にも来ましたので、生徒たちは先生の指示にしたがって国語や修身《しゅうしん》の教科書で神道や軍人を扱った部分を墨《すみ》で消しました。音楽の教科書も例外ではありません。

一九四七(昭和二二)年には教育制度が変更され、義務教育が小学校の六年と中学校の三年で九年間になります。旧制の中等学校は新制の高等学校になり、旧制の中等学校卒業生が進学した旧制の高等学校と専門学校は、新制の四年制大学になります。

この制度変更により、専門学校レヴェルであった東京音楽学校は、一九四九(昭和二四)年に東京藝術《げいじゅつ》大学音楽学部に昇格します。邦楽科《ほうがくか》の箏曲《そうきょく》・長唄《ながうた》専攻が一年遅れて、この音楽学部の中に位置づけられ、翌年、能楽も加えられます。その後、一九六〇年代、七〇年代、九〇年代と長い時間がかかりましたが、邦楽科の専攻がしだいに増えて、現在では邦楽囃子《はやし》・能楽囃子・常磐津節《ときわずぶし》・清元節《きよもとぶし》・尺八《しゃくはち》・雅楽《ががく》・日本舞踊《ぶよう》の専攻もできました。もちろん私立の音楽学校も、同じように音楽大学になりました。

また、教育における男女差別が廃止され、女性も大学まで進学できるようになります（戦前にも女子大学、女子大学校の名前をもつ学校がありましたが、これは女学校卒業生が入学する旧制の専門学校で、専門学校の上の大学ではありませんでした）。そのため、終戦までは、わずかな例外を除けば、女性は旧制大学に入学することを許されなかったのですから、男女差別の撤廃《てっぱい》は非常に大きな変更です。

音楽の教育でも同じことが起こり、その結果、現在の日本で、演奏、作曲、音楽教育、そして音楽学の分野で、女性が男性と同様に活躍するようになりました。

戦前からあった旧制の大学とは別に、各都道府県に新たにつくられた国立大学に音楽を専攻する学科が誕生します。やがて、その卒業生が小学校から大学までの音楽教育を担当するようになります。しかし、これらの学科は、戦前からの西洋音楽を中心とする音楽観を引き継いだため、大学で学生が習う音楽でも、教員になった卒業生が教える音楽でも、日本音楽は軽んじられてきました。少し変化がみられるのは、二一世紀になってからです。

終戦後、義務教育での音楽教育も変化します。唱歌が中心であった近代の音楽教育と異なり、教育に器楽が加えられます。リコーダーを生徒一人ひとりがもつようになったのが、その例です。

また、日本の産業が復活するにつれて西洋楽器の生産が盛んになり、終戦前と比較にならないほど、オルガンやピアノが普及します。例えば、一九八一(昭和五六)年の統計によると、学校とは別に、一〇〇万人以上の生徒が楽器メーカーの経営する音楽教室でピアノを習っています。この点で日本音楽の初期教育は後れを取りました。

学校における音楽教育と、校外での音楽教室における西洋音楽への親しみが、今日の日本における西洋音楽、とりわけ、ピアノ、合唱、吹奏楽を盛んにしました。その一方で、日本音楽は軽視され続けました。そのため、「音楽」といえば「西洋音楽」を意味するような状況が生まれたのです。

(二) 民謡《みんよう》と民俗《みんぞく》芸能

ところで、日本で古代から人びとに親しまれてきた音楽に、民謡と民俗芸能があります。民謡も民俗芸能も、地域で生まれ、それぞれの地域の人びとによって伝承されてきたものです。この節では少し時代を戻して、民謡と民俗芸能を扱いましょう。

民謡と民俗芸能はそれが生まれた地域だけでなく、他の地域で楽しまれることもあります。

とりわけ中世以降の交通の発達によって、ある地域の民謡と民俗芸能が他の地域にも伝播《でんぱ》します。例えば、京都の祇園会《ぎおんえ》の特徴である山車《だし》、太鼓《たいこ》・笛《ふえ》・鉦《かね》による囃子は、東北から九州までの広い地域に影響を与えています。また、北海道の江差《えさし》地方の民謡《江差追分《おいわけ》》は、一九六三(昭和三八)年から全国大会が開かれるほど広く知られた民謡ですが、その源流が長野県の《追分節》や青森県南部地方の歌と考えられているのは、民謡の伝播を示す例です。

近代の日本では、文明開化の方針に好ましくない歌詞(例えば、卑猥《ひわい》な歌詞)を歌う盆踊《ぼんおど》りが禁止されることがありました。その一方で、人びとが伝承している歌を調査する必要が、しだいに認識されるようにもなります。そこで、文部省も民謡調査を重視して、一九一四(大正三)年に全国の道府県に民謡の歌詞を提出させ、それを『俚謡集《りようしゅう》』として、さらに翌年、この本にもれた歌を『俚謡集拾遺《しゅうい》』として刊行しました。なお、「俚謡」とは「里の歌」「地域の歌」を意味する言葉で、民謡のことを指します。

昭和時代になっても、実に多くの民謡と民俗芸能が伝承されていました。また、ラジオ放送が始まると、民謡も放送されたため、それが特定の地域の民謡を他の地域にも広めることになりました。

放送との関係から体系的に民謡を調査したのが、日本放送協会(NHK)で、一九三七(昭和一二)年に、全国の民謡調査を開始します。音楽学者の町田《まちだ》嘉章《かしょう》[一八八八〜一九八一]を中心にしたグループによる実地調査も実施され、歌詞の採集だけでなく、録音と、五線譜による採譜も行われます。

こうした調査から生まれたのが、『日本民謡大観《たいかん》』です。一九四四(昭和一九)年にまず『日本民謡大観 関東篇《へん》』が発行され、約四五〇曲の民謡の歌詞と楽譜(五線譜)が収められました。終戦後も調査と刊行が続き、北海道から九州までの民謡集が刊行されました。

『日本民謡大観』は、それぞれの地域が豊かな民謡をもっていたこと、そして民謡が他の民謡と関連をもつことを示しています。また、採集された民謡から、昭和に歌われていた民謡が、中世や近世とつながっていることや、同じ名前の民謡でも地域や人によって異なる歌い方がされていることも、明らかになりました。

この『日本民謡大観』とは別に、日本放送協会は一九六五(昭和四〇)年に『アイヌ伝統音楽』を刊行して、その中に北海道アイヌの人びとの音楽だけでなく、敗戦によって樺太《からふと》から北海道に移住した樺太アイヌの人びとの音楽も収めました。

奄美や沖縄の民謡調査は簡単ではありませんでした。本土と違って、この地域ではアメリカが施政権をもっていたからです。それでも、返還前から調査を始めた東京藝術大学の小泉《こいずみ》文夫《ふみお》[一九二七〜八三]とそのグループ、外間《ほかま》守善《しゅぜん》[一九二四〜二〇一二]ほかの琉球文学研究者が日本放送協会に協力した結果、『日本民謡大観(沖縄・奄美)』[一九八九〜九三]が出版されました。

『日本民謡大観』は、昭和時代の音楽活動の記録として、昭和時代の日本に、音高の使い方、リズムのあり方、歌詞と旋律の関係などだけをみても、多様な音楽があったことを示しています。

こうした多様な民謡を、音楽の特徴によってではなく、民謡が使われる場や目的から分類する試みが、昭和の初めから盛んになりました。農林業や漁業などの仕事の歌、祭りや祝いの歌、踊りの歌、子守歌などと分類するのがその例です。民俗学者の柳田国男《やなぎたくにお》〔一八七五〜一九六二〕による場と目的による分類案は、民謡研究者によって応用され、発展されました。

例えば、建築のための材木を水上や陸上で運ぶ時の歌を木遣《きやり》と呼びますが、これは多くの地域で歌われていました。木遣の歌は、近世・近代の三味線《しゃみせん》音楽にも取り入れられています。江戸時代から材木の集積所であった東京の深川《ふかがわ》の木場《きば》には、材木を積み上げる時の歌、それを下ろす時の歌がありました。しかし、終戦後は、作業に機械が使われるようになったため、こうした作業の歌が歌われなくなります。そこで、これらの歌を音楽として保存する動きが起こります。一九七一(昭和四六)年に木場木遣保存会ができて、会員が、神社の祭礼やお祝いの席で、木遣を歌うようになります。似た例が他の民謡にも起こりました。

一方、日本各地にある祝いの歌は、少し事情が違います。祝いの行事は現在も行われますから、多くの祝《いわ》い唄《うた》が伝承されています。

祝いと結びついた歌として、柳田国男が著書『遠野《とおの》物語』〔一九一〇〕で言及しているのが、岩手県とその近辺の「御祝《ごいわ》い」と呼ばれる歌です。当時は、家の新築や子供や孫の誕生などを祝う会合で、盛んに歌われていたようです。

御祝いは、めずらしい上演の形を取る芸能で、男性のグループが謡をうたい、そこに女性のグループが民謡を重ねるものです。したがって、謡と民謡が同時に響きます。しかし、近世から戦前まで伝承していた多くの地域でも、これをうたう習慣は少なくなりました。

幸いなことに、岩手県の遠野の氷口《すがぐち》地域の人びとが、二一世紀に入ってもこれを伝承していましたので、遠野市が市の無形民俗文化財に指定して、盛んにしようとしています。

この例のように、民謡や民俗芸能を重要なものとして指定する制度が始まるのも、現代の特徴です。戦前にも史跡や国宝の保存についての法律はありましたが、音楽は法律の対象ではありませんでした。しかし、一九五〇(昭和二五)年に制定された文化財保護法によって、古典的な音楽や舞踊などが無形文化財として認められました。

さらに一九七五(昭和五〇)年の法律改定によって、民謡や民俗芸能を、無形民俗文化財として保護の対象とすることが決まり、翌年には多くの芸能が「重要無形民俗文化財」、あるいは「記録作成等の措置を講ずべき無形の民俗文化財」に指定され、その数がその後も増えています。また、都道府県あるいは市町村などの地方自治体も、国の指定とは別に地元の芸能を指定する制度をもっています。

民謡・民俗芸能は、それぞれの地域に固有のものですが、こうした指定を受けると文化財の一覧表に記載されるので、他の地域にも知られるようになり、国内だけでなく海外でも紹介される機会が増えます。また、劇場や広場など、新しい場での上演も増えていきます。そこに、ラジオやテレビでの放送、あるいは録音や録画が加わって、それぞれの芸能が地域を越えて知られるようになります。

それとともに、保存のための組織に責任を果たすことが求められます。こうした指定による保存制度は、伝承《でんしょう》が消滅《しょうめつ》しないためのしかけです。ただし、それによって、特定の歌い方を伝統的な正しさをもつものとして、「正調《せいちょう》」(正しい歌)と名付け、「正調〇〇節《ぶし》」をつくる傾向も一部には起こりますが、この方針を取らない地域やジャンルもあります。

いうまでもなく、民謡・民俗芸能は生きた芸術ですから、たとえ保護の対象とされても、そこに変化が生まれるのは当然です。また、ある民謡や民俗芸能に関心をもつ人やグループが、それをもとにして新しいジャンルを作るのも当然です。こうした関心から、現代では、民謡・民俗芸能が、それぞれの土地の人びとだけでなく、職業的な個人やグループによっても演奏されています。

例えば、日本各地で伝承されてきた太鼓の合奏や、太鼓を打ちながら踊る太鼓踊にも、即興があり、変化があったことでしょう。戦後になると、こうした民俗芸能を基礎にした新しい太鼓の合奏が生まれ、学校や地域で、あるいは職業的な集団によって演奏されるようになります。それらが和太鼓《わだいこ》と呼ばれます。国外でも人気が高く、とくに日系人が多くいるアメリカ、カナダ、ブラジルなどでは、一九七〇年代から盛んになり、今では日本音楽を代表するジャンルとみなされています。

日本と国外の和太鼓の形成に刺激を与えたグループが、いくつもあったと思われます。長い伝承をもつものでは、御陣乗太鼓《ごじんじょだいこ》(石川県)がその一つです。太鼓を打つテンポの変化とともに、仮面を付け、頭から海藻《かいそう》をたらした姿の複数の奏者が一つの太鼓を打つパフォーマンスが、他の地域の人びとを惹《ひ》きつけました。

御諏訪太鼓《おすわだいこ》(長野県)も他の地域の和太鼓に影響を与えました。これは、諏訪の伝統的な太鼓を基礎にして、複数の奏者が一つの太鼓を打ち、また、複数の太鼓を組み合わせる様式に、職業的な集団が作り上げたものです。海外の和太鼓グループにも、早くから影響を与えてきました。

もっとも、新しい民謡・民俗芸能を作る試みは、戦前にもありました。ある地域の人びとが自分の地域を代表するような民謡の作曲を、著名な詩人と作曲家に依頼したのです。これらの曲は新民謡と呼ばれます。日本の西洋音楽に大きな足跡を残した山田耕筰《やまだこうさく》［一八八六～一九六五］も多くの新民謡を残しています。

新民謡の代表的な例として、《ちゃっきり節》［一九二七］と《東京音頭《おんど》》［一九三三］が挙げられます。前者は北原白秋《きたはらはくしゅう》［一八八五～一九四二］が歌詞を書き、町田嘉章が作曲したもので、今では静岡県の民謡になっています。後者は西条八十《さいじょうやそ》［一八九二～一九七〇］の歌詞に、多くの歌謡曲を残した中山晋平《なかやましんぺい》［一八八七～一九五二］が作曲したもので、現在も東京での盆踊りに使われています。

このように、民謡・民俗芸能は、過去との関係を保つと同時に、関係者の創意工夫によって、変化を受けながら、現代に生きています。

（三）戦後の伝統音楽

日本音楽も終戦による社会変化の影響を受けました。まず、終戦直後に、日本音楽の演奏家たちは、日本音楽は新しい時代にふさわしくないという批判に耐えなければならなかったのです。占領下では、封建《ほうけん》主義を描いた作品の上演が難しくなりますが、その一方で、戦前の軍国主義や神道重視からの規制がなくなりますので、新しい作品を作る自由が大きくなります。

戦後になると、近世以前から日本で伝えられた音楽を「伝統」音楽と呼ぶことが一般化します。そこで、この節からは伝統音楽という用語を、日本音楽全体を指すために使うことにします。

戦後の伝統音楽の状態を、ジャンル別に見てみましょう。

雅楽

まず、雅楽を専門にしていた楽部は、所属していた宮内省が一九四七(昭和二二)年に宮内府に、そして、一九四九(昭和二四)年に宮内庁に縮小され、それに伴って楽部の楽師の定員が五〇人から半分になりました。それでも、楽部はこの人数で演奏を続け、雅楽を伝承しています。

能楽・狂言

次に、能楽についてです。能楽堂の多くが戦災で焼けましたが、終戦の時に東京でも三つ(染井《そめい》、多摩川《たまがわ》、山本東次郎家《やまもととうじろうけ》・杉並《すぎなみ》)が残りましたので、一九四五年九月には能楽協会主催の会が開かれ、続いて流派による定期能も始まります。

そして、能楽界は古典を上演するだけでなく、新しい能と狂言を、自由に発表するようになります。

戦後最初の新作能が、《鷹《たか》の泉《いずみ》》〔一九四九〕であったことは、新しい時代の到来を告げるものです。この作品は、音楽学者の横道萬里雄《よこみちまりお》が、アイルランドの文学者ウィリアム・イェーツ〔一八六五～一九三九〕の《鷹の井戸》を脚色したものだからです。のちに、この作品は《鷹《たか》姫《ひめ》》と改められ、たびたび上演されています。その後も新作の能が続き、日本を題材にしたものだけでなく、フランス文学やキリスト教から題材を取ったものも作られます。新作の狂言も一九五一（昭和二六）年から次々に発表され、西洋文学からも題材が取られています。最近では、外国人による作品、そして英語による英語能が作られて、能楽が広く観客を魅了しています。古典の優れた能楽師たちが、シテ方・ワキ方・狂言方《きょうげんかた》・囃子方《はやしかた》の区別を超え、流派も超えて協力する態勢を作り、古典の上演とともに新作や実験的な作品を行うようになったのは戦後の大きな特徴です。

彼らは、現代音楽、オペラ、能楽以外の演劇などにも積極的にかかわりました。この点で大きな役割を果たしたのが、観世寿夫《かんぜひさお》〔一九二五～七八〕、栄夫《ひでお》〔一九二七～二〇〇七〕、銕之丞《てつのじょう》〔一九三一～二〇〇〇〕の三兄弟や、狂言の野村萬《のむらまん》〔一九三〇生〕と万作《まんさく》〔一九三一生〕、能の野村四《し》郎《ろう》（のちの幻雪《げんせつ》）〔一九三六～二〇二一〕の三兄弟などです。彼らの影響は、現在も続いています。

歌舞伎

次に、歌舞伎を見てみましょう。大阪では終戦の月に、京都では翌月に上演が再開されています。東京の歌舞伎座は空襲で焼けましたが、戦災を受けなかった別の劇場で九月から歌舞伎公演が行われます。第四章で述べたように、戦前は天皇に関係する話を楽劇《がくげき》にすることはできませんでした。戦後になるとこの禁止がなくなりますので、『源氏物語』を題材にした歌舞伎や能楽が生まれます。

ところで、終戦直後は楽劇・演劇は占領軍によって統制されました。占領軍は多国籍軍で、その頂点にいるのが、正式には連合国軍最高司令官総司令部（GHQ・SCAP）ですが、一般にはGHQと略称されます。この中に民間諜報《ちょうほう》局（CIS、民間情報部とも）が設けられ、この局の中で新聞・出版・放送を担当する部署（PPB）が演劇についての統制を開始します。彼らが目を付けたのは、歌舞伎です。これは、政治権力が行う文化政策（文化の保護と抑圧）とそれを受ける側の関係を示す顕著な事例なので、具体的に見ることにします。

敗戦の年の一一月五日から、東京で上演された歌舞伎で、《菅原伝授手習鑑《すがわらでんじゅてならいかがみ》》から《寺子屋《てらこや》》の段が上演されました。一五日になると、民間諜報局がこの演目の上演禁止を命じます。この演目は、主人の子供を助けるために、自分の子供を犠牲《ぎせい》にする話ですから、戦時中の忠君愛国思想の復活と考えられたのでしょう。

ＰＰＢの責任者は、歌舞伎の興行会社である松竹《しょうちく》と折衝《せっしょう》した結果、「松竹が次の演目を自主的に控えることになった」と報告して、「歌舞伎」と「歌舞伎の新作」のそれぞれについて、上演可能な演目と上演不可の演目を一二月二一日付けで東京・大阪・福岡のＰＰＢ支部へ連絡しました。

演目が「歌舞伎」と「歌舞伎の新作」に二分されたのは、演劇統制の担当者が、歌舞伎上演に、近世の歌舞伎作品だけでなく明治以降にできた新作を多く含めさせる意図をもっていたからです。「歌舞伎」では、約八〇作品が許可、約一一〇作品が不許可、「新作」では、約一一〇作品が許可、約二五〇作品が不許可になっていいます。

「歌舞伎」の中では、《菅原伝授手習鑑》、主君の仇討《かたきうち》を題材にした《仮名手本忠臣蔵《かなでほんちゅうしんぐら》》、そして、主君への忠義を題材にする《勧進帳《かんじんちょう》》が禁止リストに入っています。「新作」でも、戦争や忠君愛国を主題にしたものは不許可とされています。

ＧＨＱの担当者が、歌舞伎に封建主義を見出し、新しい時代にふさわしくないと考えたのは事実ですが、右のリストからも明らかなように、歌舞伎を全廃することは考えていませんでした。しかし世間では、歌舞伎が全廃され、伝統演劇が危機的な状況にあるのではないかという噂《うわさ》がたっていました。

やがて、ＧＨＱが全廃の意図を否定し、右のリストが公開されると、こうした噂も消えていきました。そして、禁止されていた《寺子屋》を含む《菅原伝授手習鑑》が翌年五月に、《勧進帳》が六月に上演されていますので、この頃から進駐軍は上演禁止を命じなくなったようです。

文《ぶん》楽《らく》

文楽も大阪の本拠地を戦災で失いましたが、終戦の年の九月に京都で公演を始め、一九四八（昭和二三）年には、二か月にわたって《仮名手本忠臣蔵》を上演しています。その後、文楽の演者が待遇改善のために組合を結成し、興行会社の松竹と交渉を行います。そして、一九四九（昭和二四）年には二つの派に分かれて活動することになります。

その後、両派合同の公演を行うようになり、一九六三（昭和三八）年に財団法人文楽協会として一つにまとまることになります。なお、文楽でも、戦後早くから、古典作品の復活上演や新作の上演が行われています。

長《なが》唄《うた》

長唄でも、戦前からの名人が戦後すぐに活動を開始します。第四章で紹介した長唄研精会《けんせいかい》が、一九四七（昭和二二）年にその第四〇〇回記念公演を行い、創立者の吉住慈恭《よしずみじきょう》と稀音家浄《きねやじょう》観《かん》の二人が新作《都風流《みやこふうりゅう》》を発表したのがよい例です。

一九二五(大正一四)年に結成された長唄協会は、戦後も活動を続けます。一九五七(昭和三二)年に、協会の企画として、吉川英治《よしかわえいじ》〔一八九二～一九六二〕の小説『新・平家物語』を題材にした一〇曲を会員が分担して作曲したのが目立つ活動です。

この企画に参加してそれぞれ作曲した、杵屋正邦《きねやせいほう》〔一九一四～九六〕、今藤長十郎《いまふじちょうじゅうろう》〔一九一五～八四〕、杵屋六左衛門《ろくざえもん》〔一九〇〇～八一〕、杵屋栄二《えいじ》〔一八九四～一九七九〕は、戦後に長唄の伝統を守る上で大きな役割を果たすとともに、その後も新しい作品に取り組んだ代表的な音楽家です。

この企画で作曲された作品が音の動かし方に西洋音楽を取り入れているようには聴こえませんが、三味線パートを高音・中音・低音に分けて音域を拡げ、しばしば箏《こと》や十七弦箏《じゅうしちげんそう》を加えたり、声も複数のパートに分けたり、あるいは男声と女声の合唱を使うなどの工夫に新しさが見られます。

三曲《さんきょく》

三曲の世界で戦時中に生まれた日本三曲協会は戦後も活動を続け、一九四七(昭和二二)年には演奏会を再開して以後も着実に演奏会を開いています。三曲のように室内楽的な音楽でも、戦時中に新しい作品を発表するためには時局にふさわしい題材を選ぶ必要がありましたが、戦後は自由に題材を選んで創作ができるようになります。

関西を中心に伝承されていた地歌の作物《さくもの》や繁太夫物《しげたゆうもの》といった語りの要素の強い作品は、東京ではあまり知られていませんでした。戦後になると、戦前から活動していた大阪生まれの富崎《とみざき》春昇《しゅんしょう》［一八八〇～一九五八］、同じく大阪生まれの初代富山清琴《とみやませいきん》［のちの清翁《せいおう》、一九一三～二〇〇八］によって、これらのジャンルが東京でも紹介されるようになります。

富山は古典を伝承するとともに、戦後になると、古典の様式に基づいた新しい作物、例えば《鼠《ねずみ》の仇討《あだうち》》や、狂言に基づいた《鐘《かね》の音《ね》》を、また、箏曲《そうきょく》の《都《みやこ》忘れ》《春鶯囀《しゅんのうでん》》などを作曲し、伝統音楽の語法の新たな可能性を示しました。

戦前から革新的な作曲をしていた箏曲の中能島欣一《なかのしまきんいち》も、戦後に演奏と創作で大いに活動します。その《波濤《はとう》》［一九七〇］は太棹《ふとざお》三味線と尺八のための二重奏です。昭和前期の作品では、彼は邦楽器を西洋楽器のように使って、どの音高でも均質な響きを出すように作曲していたのですが、この曲では、音は高さが違えば音色も音量も違うという伝統的な考えをはっきり示しました。二つの楽器を同じ拍子の中で動かすのではなく、それぞれを独自のリズムで動かして、それによって二つの楽器に異なる特性を発揮させせました。

こうした新しさは、西洋音楽の影響というよりも、むしろ、義太夫節三味線と尺八の特性の再認識から生まれたものです。

　西洋音楽を強く意識する戦後の風潮の中にあって、地歌・箏曲の伝承に努力したのが、菊《きく》原初子《はらはつこ》［一八九九〜二〇〇一］です。彼女は、父の菊原琴治《ことじ》［一八七八〜一九四四］から、地歌の最初の曲種である三味線組歌《くみうた》（野川流の全三二曲）と、箏曲の最初の曲種である箏組歌・段物（全四九曲）を教わりました。これらの曲は、江戸時代から歌詞が印刷され、楽譜もある程度は作られていましたが、琴治はこれらを使わずに、自分が記憶していたものを、口頭で、初子に伝えたのです。彼女はそれを家庭式の記譜法（第四章参照）で記して出版し、録音したものも発表しました。そして、あまり知られていなかった三味線組歌については、ＬＰレコードに全曲の五線譜も付けました。

　なお、このレコードのために、京都の伝統である柳川流《やながわりゅう》三味線組歌の伝承者津田道子［一九二四〜二〇〇三］も協力し、伝承曲を録音しています。菊原と津田の開かれた姿勢と現代の印刷・録音技術のおかげで、重要なレパートリーがだれにでも入手できるようになったのです。

（四）伝統音楽における文化触変《ぶんかしょくへん》

　さて、ここまで「伝統音楽」という呼び名を何度も使ってきましたが、それは、古い歴史をもつジャンルを総称するのには便利ですが、音楽が停滞したままで変化しないような印象を与えるおそれもあります。しかし、すでにたびたび述べてきたように、日本の伝統音楽は変化を続けています。

第四章で述べたように、伝統音楽は、内発的変化と異なる文化の音楽に接触した結果として起こる文化触変で変化しました。第四章では、文化触変の例として、新しい楽器の考案や西洋音楽の形式の利用などを挙げました。戦後もこれは続きます。この点で日本音楽では近代と現代が連続しているように見えます。

しかし、違っている面もあります。現代に入ると、日本における西洋音楽の作曲・演奏がより盛んになり、それが伝統音楽側に西洋音楽への関心を与えます。他方、西洋音楽の作曲家たちが伝統音楽により深い関心を示します。その結果、文化触変を特徴とする作品が近代よりも多く生まれます。

一九五〇年代後半になると、西洋音楽畑の作曲家たちが、既存の伝統音楽の旋律を使って、西洋楽器のための曲を作るのではなく、自分の音楽様式を邦楽器で表現するようになります。この態度の早い現れが、入野《いりの》義朗《よしろう》[一九二一〜八〇]による《二面の箏のための音楽》[一九五七]です。彼はこの曲を、当時のヨーロッパの前衛的な技法である十二音技法によって作曲し、箏という楽器と箏曲という様式から新しい可能性を引き出しました。そしてこの頃から、こうした作品が「現代邦楽」と呼ばれるようになります。

その後も、調弦によって多様な音高の使用に対応できる十三弦箏と低音十三弦箏や十七弦箏は、現代邦楽の中心的な楽器になります。また、これらの楽器に三味線や尺八を加えた室内楽的な合奏も、現代邦楽の標準的な楽器編成になります。これには、一九五七（昭和三二）年に結成された「邦楽４人の会」（都山流《とざんりゅう》尺八の北原篁山《きたはらこうざん》、生田流《いくたりゅう》箏曲の後藤《ごとう》すみ子・矢崎明子《やざきあきこ》・菊《きく》地悌子《ちていこ》）が、作曲家たちに自分たちの編成のために作曲を委嘱したことも関係しています。

近代でも戦後間もなくでも、箏曲や長唄を大勢で演奏することはありましたが、異なるジャンルで使われる楽器を組み合わせて合奏を作ることはあまりありませんでした。それを積極的に行った作曲家が後述する杵屋正邦《せいほう》で、組織として行ったのが作曲家の長沢勝俊《ながさわかつとし》［一九二三～二〇〇八］と三《み》木稔《きみのる》［一九三〇～二〇一一］の呼びかけで一九六四（昭和三九）年に結成された「日本音楽集団」です。

この集団には、三味線・箏《こと》・十七弦箏・胡弓《こきゅう》・琵琶《びわ》・尺八・篠笛《しのぶえ》・能管《のうかん》、それに囃子の奏者が加わっています。三味線にも、箏と伝統的に組み合わされる地歌三味線だけでなく、長唄三味線や義太夫節三味線が加わっています。この集団は、長沢や三木の作品とともに、多くの作曲家の作品を日本だけでなく海外でも演奏してきています。楽器の多様な組み合わせだけでなく、指揮者を立てて合奏を行うのも、文化触変の結果です。

すでに近代で西洋音楽からの文化触変を経験していた尺八界にも、新しい方向が生まれます。それは、西洋化をさらに進めるのではなく、逆に、伝統的な尺八の特徴を見直して、それを現代音楽の中に位置づける形をとります。

これには、尺八の優れた演奏家の存在が関係しています。彼らは、古典的な五孔尺八を使って的確に音高を調整するだけでなく、メリやカリなどの尺八に固有の技法によって微妙に音程を変化させ、また多様な音色を生み出す技をもっています。

西洋音楽畑の作曲家たちがとくに注目したのは、次のような尺八奏者です。山口五郎《やまぐちごろう》［一九三三～九九］、二世酒井竹保《さかいちくほ》［一九三三～九二］、横山勝也《よこやまかつや》［一九三四～二〇一〇］、二世青木鈴慕《あおきれいぼ》［一九三五～二〇一八］、初代山本邦山《やまもとほうざん》［一九三七～二〇一四］、酒井松道《さかいしょうどう》［一九四〇生］。そして、彼らの演奏から刺激を受けた西洋音楽畑の作曲家は、廣瀬量平《ひろせりょうへい》［一九三〇～二〇〇八］、諸井誠《もろいまこと》［一九三〇～二〇一三］、武満徹《たけみつとおる》［一九三〇～一九九六］らで、その後に多くの作曲家が続きます。

廣瀬は、一九六〇年代前半から尺八を作曲に使い始めます。例えば《2つの尺八のために「アキ」》［一九六九］では五線譜に図形による表示を組み合わせ、さらにそこに尺八の技法名を書き込むことによって、演奏者に自由な解釈の余地を与えています。《尺八とオーケストラのための協奏曲》［一九七六］では、尺八パートにこの楽器に固有ななめらかな上向・下降の旋律と、そして強い息で騒音的に吹く「ムライキ」を演奏させ、尺八とオーケストラの違いを際立たせています。

諸井は、普化尺八を伝承していた酒井竹保・松道兄弟の協力を得て、尺八独奏曲《竹籟五章《ちくらいごしょう》》〔一九六四〕と尺八二重奏曲《対話五題》〔一九六五〕を作曲しました。これらの曲で、諸井は、尺八の古典的な演奏技法を中心にしながら、新しい音の運びを作り、スタッカート奏法など伝統にはなかった技法を加えました。作曲には、五線譜ではなく、演奏者が所属する竹保流の楽譜を使いましたので、演奏者は伝統的な方法で尺八の響きを自ら考えることができます。

演奏者の判断を尊重するこうした態度は、武満徹の尺八と琵琶のための《エクリプス》〔一九六六〕にも見られるものです。武満は五線譜ではなく、直線や波形の線によって尺八の動きを指示し、また、琵琶に対しては使うべき弦と撥《ばち》の使い方（下げる・すくう等）などを、やはり図形による楽譜で示しています。

武満は一九六七（昭和四二）年にアメリカのニューヨーク・フィルハーモニックのために《ノヴェンバー・ステップス》を作曲します。この曲では、左右に配置される弦楽器・打楽器・ハープ、中央に置かれる管楽器に対して、琵琶と尺八が、指揮者の前に置かれます。初演は薩摩《さつま》琵琶の鶴田錦史《つるたきんし》〔一九一一～九五〕と尺八の横山勝也によって行われました。二つの邦楽器が管弦楽と一緒に演奏する部分は、演奏すべき動きが五線譜で示されていますが、他の部分ではそれぞれの楽器に固有な記譜法が使われていますので、演奏者は自信をもって演奏して、日本の楽器が西洋の管弦楽と音楽的に異なることを示します。

西洋音楽畑の作曲家による現代邦楽は、器楽が多数を占めます。そうした中にあって、声を含む邦楽に関心をもった西洋音楽畑の作曲家として、ここでは柴田南雄《しばたみなお》〔一九一六～九六〕を挙げておきます。彼は日本民謡を素材にした合唱曲によって日本の伝統的な声の魅力を示し、さらにまた、箏曲の伝統である箏の弾き歌いに注目して《熊野《くまの》へ参らむと》〔一九八三〕を入澤康夫《いりさわやすお》〔一九三一～二〇一八〕の現代詩によって作曲しました。箏の動きも音程も新しいものですが、歌のパートにも多様な表現を要求して、声も現代邦楽の重要な要素になりうることを示したのです。

伝統音楽家であっても、戦後に活動する世代は西洋音楽に触れていました。西洋音楽の実技を習わなくても、学校での音楽教育、ラジオやレコード、演奏会などを通して、いわば自然に耳に入れていたのです。また、戦後になると、西洋音楽の一般的な演奏水準が高くなりますから、邦楽家が西洋音楽にさらに関心をもつのも当然でした。

その結果、邦楽の音楽家がそれぞれのジャンルで作曲をする際に、特別に意識しなくても、西洋音楽による文化触変が起こります。例えば、地歌・箏曲の初代米川敏子《よねかわとしこ》〔一九一三～二〇〇五〕が、一九五三(昭和二八)年に、高村光太郎《たかむらこうたろう》の詩集『智恵子抄《ちえこしょう》』から《千鳥《ちどり》と遊ぶ智恵子》を選んで、同名の作品(箏・低音十三弦箏・歌)を作りました。その歌のパートは、箏の弾き歌いのためではなく、ソプラノ用に作曲されました。

西洋音楽を何気なく取り入れて現代邦楽を作る態度は、初代米川敏子の娘である地歌・箏曲の二代米川敏子〔一九五〇生〕にも受け継がれています。彼女は箏とヴィオラの組み合わせで《風彩《かざあや》》〔二〇〇五〕を、箏とチェンバロの組み合わせで《彩《あや》の響き》〔二〇〇九〕を作曲し、邦楽器と西洋楽器の組み合わせで新しい音楽が作れることを示しました。洋楽畑の作曲家が邦楽器を取り入れたように、邦楽畑の音楽家が洋楽器を取り入れるようになったのです。

このように、邦楽の世界では、作曲は演奏家によって行われましたし、今でもそうです。この点で例外的な存在が杵屋正邦です。彼は長唄三味線の演奏家でしたが、戦後は演奏活動をやめて、西洋音楽の作曲技法と長唄以外の日本音楽のジャンルを研究して、作曲に専念する道を選びました。そして、邦楽器のための大規模な編成でも、独奏曲や二重奏曲などの室内楽の編成でも、多くの作品を発表します。彼は、それまで一緒に演奏されることがなかった楽器を組み合わせます。これは、先に述べた日本音楽集団に先行するものです。

この点で、彼の四曲の三弦四重奏曲〔一九五八〜六六〕はよい例です。西洋の弦楽四重奏を意識したものと考えられますが、その編成は、従来は組み合わされることがなかった長唄・地歌・常磐津節・義太夫節の四種の三味線です。

彼は、邦楽の諸ジャンルをよく知っていて、それぞれの旋律型を知っていながら、その型を部分に解体して組み合わせ方を変えています。また、それぞれのジャンルの名人がもっているリズム感や音色を、作品の重要な構成要素にしています。例えば、義太夫節三味線のための《太棹のためのコンポジション》〔一九六七〕では、三味線のサワリのつく音とつかない音の区別など、楽器の特徴を重視しています。

ところで、西洋音楽畑の作曲家が箏を使う場合、伝統的な箏の調弦で演奏しやすいように作曲するわけではありません。そのため、演奏者は新しい作品で使われる音高が出せるように調弦を考え、その調弦にない音高は、箏柱《ことじ》を移動するか、押《お》し手《で》といって、左手で弦に圧力をかけて半音、全音、または、短三度高くして出します。曲によっては、素早く調弦を変え、複数の弦を押し手で変化させなければなりません。

こうした点で苦労していた箏曲の野坂恵子《のさかけいこ》〔二代野坂操壽《そうじゅ》、一九三八〜二〇一九〕は、一九六九(昭和四四)年に多様な作品に対応できるように弦を増やした二十弦箏を作りました。さらに一九九一(平成三)年になると、より豊かな響きと表現の多様性を出せる楽器として、二十五弦箏を開発します。

この楽器は、弦の数を増やすために、楽器全体が大きくなり、それに伴って音量も大きくなり、また余韻《よいん》も長くなっています。野坂はこの楽器を使って、静けさを特徴としていた箏曲に、激しさの要素を加えたのです。なお、野坂の二十弦箏よりも前に、宮下秀冽《みやしたしゅうれつ》〔一九〇九

～九三が、三十弦と呼ばれる箏を作っています（一九五五年）。その目的は、音域（四オクターヴ以上可能）と音量の拡大にあったようです。それに対して、野坂が二十弦箏を作った目的は、弦を増やしても、十三弦箏を弾くような感覚で演奏できる楽器を作ることであったようです。

ここでは個別に触れることができませんが、いままで挙げた人たち以外にも、現代邦楽を推進した邦楽家が多数います。彼らは、それぞれの活動に加えて、ジャンルを超えても協力し、一九六四（昭和三九）年頃から、演奏会や組織（例えば、現代邦楽作曲家連盟）をつくり、自分たちの作品を積極的に発表しました。

こうした動きに参加したのは、すでに挙げた、杵屋正邦、長唄の今藤長十郎、箏曲の初代米川敏子、二代米川敏子、尺八の山本邦山のほか、箏曲の小野衛《おのまもる》［一九一五～二〇〇二］と唯是震一《ゆいぜしんいち》［一九二三～二〇一五］、常磐津節の常磐津文字兵衛《もじべえ》［現・英寿《えいじゅ》、一九二七生］、清元節の清元梅吉《うめきち》［一九三二生］、雅楽の芝祐靖《しばすけやす》［一九三五～二〇一九］、長唄の今藤政太郎《いまふじまさたろう》［一九三五生］らで、彼らは、それぞれのジャンルを代表する演奏家でもあります。

現代邦楽は、西洋音楽の作曲家と日本伝統音楽の出会い、邦楽演奏家と西洋音楽の出会いから生まれたのです。こうした人びとの努力のおかげで、伝統音楽のジャンルの間の垣根がしだいに低くなると同時に、伝統音楽と現代邦楽の間の垣根も低くなり、その結果、現代邦楽と呼ばれてきたものがしだいに伝統音楽の一つのジャンルになりました。そして、日本音楽全体の中で、新しい試みを行う雰囲気が強くなったのです。

（五）音楽の活性化と公的組織

興味深いのは、戦後すぐに文部省の中に芸術課が生まれ、ここが中心になって、終戦の翌年の一九四六(昭和二一)年から「芸術祭」が開催されたことです。この開催によって、日本音楽も西洋音楽も、そして他の上演芸術も発表の場をもちました。芸術祭に置かれた放送部門も、現代邦楽を盛んにする役割を担うことになります。

また、一九五一(昭和二六)年に芸術祭に設けられたレコード部門が、音楽、とくに伝統音楽の多様性を知らせる役割を果たします。なかなか聴くことができない音楽が、ＬＰレコードで録音され、そこに付けられた大きな解説書に、その音楽の詳細な記録と研究が記載されたからです。なお、一九六八(昭和四三)年に文部省の中に文化庁が生まれてからは、芸術祭は文化庁芸術祭と呼ばれます。

先に指摘した文化財保護法は、無形民俗文化財だけでなく、伝統音楽の保護にも役割を果たしました。この法律が一九五五(昭和三〇)年に改正され、保護すべき種目全体を「総合指定」する制度と、優れた個人を「各個認定」する制度ができました。後者は、一般に「人間国宝」と呼ばれる個人を指名する制度で、認定された個人には年金が支給されます。

また、無形民俗文化財の場合と同じように、伝統音楽のさまざまなジャンルが、記録を作成すべき無形文化財に指定され、それがそれぞれのジャンルの活性化を助けています。

一九六六（昭和四一）年に東京に建設された国立劇場も、伝統音楽の活性化に大きな役割を果たします。国立劇場としては、さらに次の施設が作られました。国立演芸場（東京、一九七九年）、国立能楽堂（東京、一九八三年）、国立文楽劇場（大阪、一九八四年）、国立劇場おきなわ（沖縄・浦添市、二〇〇四年）です。

こうした国立劇場の役割の第一は、日本の楽劇と伝統音楽を定期的に上演して、それらの保存と振興を図ることです。また劇場の研究部門が、それまで鑑賞することが難しかった寺社の芸能、雅楽、民俗芸能、現代音楽を調査して、それらを積極的に舞台に乗せました。

宮内庁楽部が出演する雅楽公演のために、国立劇場は、西洋音楽畑の黛敏郎《まゆずみとしろう》［一九二九～九七］に《昭和太平楽《たいへいらく》》［一九七〇］を、武満徹に《秋庭歌《しゅうていが》》［一九七三、一九七九年に拡大されて《秋庭歌一具》］を、さらに海外の作曲家、例えばドイツのカールハインツ・シュトックハウゼン［一九二八～二〇〇七］に《歴年《れきねん》》［一九七七］を委嘱して公演を行い、雅楽においても現代作品を作ることが可能であることを示しました。

こうした作品の演奏が可能であったのは、雅楽の演奏家が雅楽とともに西洋音楽を学んでいて、二重音楽性を獲得していたからです。楽部のほかに、東京楽所《がくそ》や伶楽舎《れいがくしゃ》などの演奏団体が作られ、そこでも二重音楽性をもつ音楽家が雅楽を普及させています。現代邦楽に対しても、国立劇場は上演と楽譜の出版によって大きな役割を果たしています。

国立劇場のもう一つの大きな役割は、伝承者の養成です。例えば、文楽の技芸員(太夫・三味線弾き・人形遣い)の養成が一九七二(昭和四七)年に始まります。現在文楽協会に所属している技芸員の半数以上が国立劇場の養成を受けた人です。平成になってできた国立劇場おきなわも、琉球の楽劇である組踊の養成を開始して、すでに成果を出しています。

また、放送は、音楽の普及だけでなく、新しい音楽の創作にも役割を果たしています。早くから現代邦楽の放送を行っていた日本放送協会は、現代邦楽に必要な五線譜を読む能力と合奏能力をもつ演奏家を育てるために、音楽学者・吉川英史《きっかわえいし》[一九〇九～二〇〇六]や杵屋正邦の協力を得て、一九五五(昭和三〇)年にNHK邦楽技能者育成会を始めます。育成会で学んだ演奏家は、伝統的なジャンルでも、現代邦楽でも活躍しています。

しかし、育成会は五五年で役割を終えました。現在では、その代わりに、音楽大学が日本音楽の教育に以前よりも大きな役割を担っています。

(六) これからの日本音楽の状況

前節で述べた公的制度の恩恵を受けるのは、日本音楽だけではありません。日本における西洋音楽は、伝統音楽よりも大きな恩恵を受けています。東京にはオペラ・バレエ・新劇のための新国立劇場や多くの劇場があって、それらが西洋音楽を盛んにしています。ホールは国だけでなく、地方公共団体や財団によっても建設されてきました。こうしたホールは、西洋音楽を念頭において、舞台や楽屋、そして、残響時間(音が響き続ける時間の長さ)が設計されるため、西洋音楽にとっては好ましくても、長い残響時間を必要としない日本音楽にとっては好ましくなく、使いにくいホールになることがあります。それに、日本音楽の上演に必要な屏風《びょうぶ》や毛氈《もうせん》をそろえていないホールもあります。

西洋音楽用のホールとは別に邦楽専用の紀尾井《きおい》小ホール(東京)を造った日本製鉄文化財団や、ジャンルに応じて残響時間を変える装置を最初から備えた沖縄・南城市《なんじょうし》のシュガーホールなどはむしろ例外です。

また、放送番組でも、日本音楽には西洋音楽よりも短い時間しか与えられていません。こうした「見えない」差別がさらに顕著なのが、学校教育における音楽の授業です。たしかに、二〇〇二(平成一四)年に学習指導要領が改訂されて、中学校では和楽器(日本の伝統楽器)に触れることが決められました。

しかし、教員資格をもった音楽教師で、和楽器を教えることができるのはまだ少数に過ぎません。小学校や中学校が備えている楽器を調べても、洋楽器と和楽器の数の違いは明らかです。また、今でも、音楽室に西洋の作曲家の肖像だけを掲げて、日本の音楽家を軽視している学校があります。

そうした中で、救いとなる動きもあります。沖縄県が音楽教員採用試験に三線《さんしん》の演奏を課していること、そして、音楽の授業ではなく、それぞれの学校が内容を決める「総合的な学習の時間」や、放課後の活動として、日本音楽を学ぶ児童・生徒がいることです。

日本政府はユネスコに申請して、雅楽・能楽・歌舞伎・文楽・沖縄の組踊《くみおどり》を「人類の口承《こうしょう》及び無形遺産に関する傑作《けっさく》」のリストに加えることに成功しました。しかし、学校での音楽教育、そして、ホールの構造や放送番組に「見えない差別」があるため、これらの優れた音楽を支える聴衆の育成には困難があります。これが、日本が解決すべき大きな問題です。

これからは、日本音楽は日本人だけのもの、という考えを改めなければなりません。国外にも日本音楽の優れた聴衆がいますし、日本音楽の優れた演奏能力をもつ人たちがいます。

また、海外の大学でも、日本音楽の音楽学的研究と実技指導が行われています。

まず、海外における日本音楽の音楽学的な研究は、二〇世紀に欧米の大学で盛んになりました。二一世紀になると、そこにアジアの大学、とりわけ韓国と中国が加わります。日本の音楽学者が、外国とくに西洋の音楽の研究に大きな貢献をしているように、海外の研究者が日本音楽の研究に重要な貢献を続けています。

日本音楽の実技指導も海外の大学が始めました。例えば、アメリカのカリフォルニア大学ロサンゼルス校は一九六〇年代から日本の指導者を招いて雅楽を教え、さらに地歌・箏曲・尺八などを教えてきました。アメリカ西部のワシントン大学、東部のウェスリアン大学、そしてハワイ大学も実技教育で大きな役割を果たしてきました。二一世紀に入ってからも、アメリカのコロンビア大学は雅楽を教えるコースを開きました。

現在尺八の演奏家が世界に多数いますが、それは、こうした大学での先駆的な試みが実ったからでしょう。北アメリカだけでなく、ハワイ、ブラジル、ペルーなど、日系人の多い地域では大学とはべつに、個人や団体が多様な日本音楽を実践しています。そこには、雅楽・箏曲・尺八だけでなく、沖縄の音楽や民謡が含まれています。

また、日本の演奏家が演奏旅行を行っているヨーロッパでも日本音楽の実技習得への関心が高く、多くの音楽大学が日本に指導者の派遣を要請しています。日本の政府と関係機関は、海外の日本語教育には熱心に取り組んでいますが、海外での日本音楽教育にはまだ本格的には取り組んでいません。これが現状です。

日本音楽を考えずに、日本文化も日本の歴史も考えることはできません。それと同時に、日本音楽が世界の音楽の一つであることも忘れてはなりません。日本で生まれ、日本だけでなく、海外でも実践されている日本音楽が、これからの世界からなくならないようにすることを、みなさんが真剣に考えてくださるようにお願いします。

あとがき

日本には、古代から多様な音楽がありました。そしてそれは今も同じです。私はこのことをみなさんに知ってほしくて、この本を書きました。

第二次大戦後、雅楽、能楽、三味線音楽などが「伝統音楽」と呼ばれるようになりました。この言葉は、多くのジャンルを総称するのには便利ですが、音楽が昔のままで変化していないという誤解も与えています。しかし実際には、これらの伝統音楽は、時代とともに変化を続けてきました。言いかえれば、こうした変化によって、伝統音楽は「生きた音楽」として現在まで伝えられているのです。例えば、雅楽を古代の章(第一章)だけでなくすべての章で取り上げたのは、こうした変化を明らかにするためでした。

さて、私は音楽を「人間が組織づけた音響」と考えています。音楽史としては、音響がどのように組織づけられているのかを考えなければなりません。たとえ聴きなれない音響でも、そこに理由を探す必要があります。本書で、それぞれのジャンルの音楽的な特徴を記述したのは、それがデタラメではなく、首尾一貫性をもっていることを説明するためでした。

それと同時に、音楽史が考えなければならないのが「人びとが音楽をどのように使ってきたか」という、人間と音楽の関係です。例えば、八世紀における大仏開眼供養は、重要なできごととして日本史の教科書でも取り上げられています。しかし、そこで多様な音楽(外国の音楽と日本の音楽)が使われたこと、そして、それらの音楽がなければこの供養が成立しなかったことを指摘することはあまりありません。同じように、『平家物語』は中世を代表する文学として教科書に載っていますが、この作品の多くの部分は、琵琶と声の語り物として使われていたことも知る必要があるでしょう。

日本音楽の大きな特徴は、ある時代に生まれた音楽が、次の時代に捨てられずに伝承される傾向があることです。もちろん、過去の音楽の中には、演奏されなくなったものもありますが、日本では多くの種類の音楽が時代を超えて使われてきたのです。

こうした音楽は、成立した時代のままの、固定された形で伝承されたものではありません。のちの時代に、人びとの創意工夫による変化がありました。現在に生きている伝統音楽はこうした変化を受けたもので、このことを無視することはできません。そこで本書では、音楽史としては変わった記述方法ですが、現代での演奏慣習に基づいて、雅楽の音楽的な特徴を古代の章(第一章)で、また、平家や能楽の音楽的な特徴を中世の章(第二章)で記述しました。

日本文化の専門家の中には、現在の日本文化が中世の応仁の乱以後につくられたと考える人がいます。しかし音楽に関しては、古代の音楽文化が中世を通じて現在まで続いているので、このような考えにしたがうことはできません。日本音楽のジャンルを長い時間の中に置いて、タテの関係から考えることが必要なのです。

また、社会科学の専門家の中には、日本音楽のそれぞれのジャンルが孤立していて、他のジャンルとの間にヨコの関係がないと考える人もいます。しかし、それは間違いだと思います。それぞれのジャンルは、他のジャンルとの豊かな関係の中で生まれ、また、展開していったのです。第四章と第五章では、日本に導入された西洋音楽にもふれました。それは、日本音楽と西洋音楽の間にヨコの関係が生まれたからです。

日本の伝統音楽は、これからも変化を続けるでしょう。古いものが伝承されると同時に、新しいものも生まれてくるでしょう。私は、それぞれの伝統が未来に続くためには、古いものの伝承と新しい試みが補強しあわなければならないと考えています。

さて、この『ものがたり日本音楽史』は、岩波ジュニア新書編集部の岡本潤さんの着想によって、近藤譲さんの『ものがたり西洋音楽史』と対をなすものとして企画されました。そこで、岡本さん、そして後任の担当者である塩田春香さんを交えて、近藤さんと私は互いの原稿を持ち寄って、検討をくり返しました。私の作業が遅れたため、近藤さんの本だけが半年ほど先に出版されました。近藤さんはその後も私に付き合ってくださり、私の本の製作の過程でも確認してくださいました。何とか完成できたのは、近藤さんと塩田さん、そして、校正担当の方のおかげです。心からの感謝を捧げます。

また、私は、原稿を書いている途中で、日本音楽や日本史の専門家の方々に多くの疑問に答えていただきました。とくに、奥山けい子さん、小塩さとみさん、加藤厚子さん、金城厚さん、黒川真理恵さん、澤田篤子さん、薦田治子さん、野川美穂子さん、劉麟玉さんには、お世話になりました。コンピューターによる楽譜作成が苦手な私のために、お茶の水女子大学大学院生の麻田真実さんが楽譜を作成してくださいました。みなさまに心よりお礼を申し上げます。

この本を読むために、あるいは、さらに調べるために便利なものとして、次の参考文献を記しておきます。

• 平野健次・上参郷祐康・蒲生郷昭（監修）『日本音楽大事典』（平凡社、一九八九）
• 小島美子（監修）、国立劇場（企画・編集）『日本の伝統芸能講座　音楽』（淡交社、二〇〇八）
• 服部幸雄（監修）、国立劇場（企画・編集）『日本の伝統芸能講座　舞踊・演劇』（淡交社、二〇

〇九）
・蒲生郷昭・柴田南雄・徳丸吉彦・平野健次・山口修・横道萬里雄（編）『岩波講座　日本の音楽・アジアの音楽』全七巻別巻二（岩波書店、一九八八〜八九）

また、『ガーランド世界音楽事典7　東アジア』(Provine, Robert C.; Tokumaru, Yosihiko.; Witzleben, J. Lawrence (eds.), *The Garland encyclopedia of world music 7: East Asia*, New York: Routledge, 2002)の日本の部分は私が編集したもので、写真や楽譜が多く、やさしい英語です。どうぞ参考になさってください。


さらに、これらの本を含め、より専門的な文献は、お茶の水女子大学が公開している次のデータベースで検索してください。

「日本音楽についての文献案内」

https://www.lib.ocha.ac.jp/ols/Music/top.html

二〇一九年一一月

徳丸吉彦

事項索引

【さ行】

【た行】

【な行】

【や行】

【ら行】

【わ行】

人名索引

【ま行】

【や行】

曲名・旋律型索引

徳丸吉彦
1936年，東京生まれ．聖徳大学客員教授，お茶の水女子大学名誉教授．音楽学，とくに民族音楽学を専攻．日本とアジアの音楽を国内外で紹介．
日本音楽と西洋音楽を愛好する家庭で育つが，戦争で家が焼かれて三味線もピアノもなくなったために，音楽を始めたのは遅かった．しかし子供の頃から音楽と音楽に対する考え方が多様であることを意識し，日本音楽に対する日本社会の扱いに疑問を抱いていたことが，本書を執筆するきっかけになった．
著書に『三味線音楽の旋律的様相』(仏語，ペーテルス，2000)，『音楽とはなにか――理論と現場の間から』(岩波書店，2008)，『ミュージックスとの付き合い方――民族音楽学の拡がり』(左右社，2016)，共編に『ガーランド世界音楽事典7　東アジア』(英語，ラウトリッジ，2002)など多数．

ものがたり日本音楽史　　岩波ジュニア新書909

2019年12月20日　第1刷発行
2022年5月25日　第3刷発行

著　者　徳丸吉彦《とくまるよしひこ》

発行者　坂本政謙

発行所　株式会社 岩波書店
〒101-8002 東京都千代田区一ツ橋2-5-5
案内 03-5210-4000　営業部 03-5210-4111
ジュニア新書編集部 03-5210-4065
https://www.iwanami.co.jp/

印刷・精興社　製本・中永製本

ISBN 978-4-00-500909-1　　Printed in Japan

岩波ジュニア新書の発足に際して

きみたち若い世代は人生の出発点に立っています。きみたちの未来は大きな可能性に満ち、陽春の日のようにひかり輝いています。勉学に体力づくりに、明るくはつらつとした日々を送っていることでしょう。

しかしながら、現代の社会は、また、さまざまな矛盾をはらんでいます。営々として築かれた人類の歴史のなかで、幾千億の先達《せんだつ》たちの英知と努力によって、未知が究明され、人類の進歩がもたらされ、大きく文化として蓄積されてきました。にもかかわらず現代は、核戦争による人類絶滅の危機、貧富の差をはじめとするさまざまな人間的不平等、社会と科学の発展が一方においてもたらした環境の破壊、エネルギーや食糧問題の不安等々、来るべき二十一世紀を前にして、解決を迫られているたくさんの大きな課題がひしめいています。現実の世界はきわめて厳しく、人類の平和と発展のためには、きみたちの新しい英知と真摯《しんし》な努力が切実に必要とされています。

きみたちの前途には、こうした人類の明日の運命が託されています。ですから、たとえば現在の学校で生じているささいな「学力」の差、あるいは家庭環境などによる条件の違いにとらわれて、自分の将来を見限ったりはしないでほしいと思います。個々人の能力とか才能は、いつどこで開花するか計り知れないものがありますし、努力と鍛練の積み重ねの上にこそ切り開かれるものですから、簡単に可能性を放棄したり、容易に「現実」と妥協したりすることのないようにと願っています。

わたしたちは、これから人生を歩むきみたちが、生きることのほんとうの意味を問い、大きく明日をひらくことを心から期待して、ここに新たに岩波ジュニア新書を創刊します。現実に立ち向かうために必要とする知性、豊かな感性と想像力を、きみたちが自らのなかに育てるのに役立ててもらえるよう、すぐれた執筆者による適切な話題を、豊富な写真や挿絵とともに書き下ろしで提供します。若い世代の良き話し相手として、このシリーズを注目してください。わたしたちもまた、きみたちの明日に刮目《かつもく》しています。（一九七九年六月）

877・876
数学を嫌いにならないで
基本のおさらい篇
文章題にいどむ篇
ダニカ・マッケラー
菅野仁子 訳

数学が嫌い？　あきらめるのはまだ早い。この本を読めばバラ色の人生が開けるかもしれません。アメリカの人気女優ダニカ先生が教えるとっておきの勉強法。苦手なところを全部きれいに片付けてしまいましょう。いつのまにか数学が得意になります！

878
10代に語る平成史
後藤謙次

消費税の導入、バブル経済の終焉、テロとの戦い…、激動の30年をベテラン政治ジャーナリストがわかりやすく解説します。

879
アンネ・フランクに会いに行く
谷口長世

ナチ収容所で短い生涯を終えたアンネ・フランク。アンネが生き抜いた時代を巡る旅を通して平和の意味を考えます。

880
核兵器はなくせる
川崎　哲

ノーベル平和賞を受賞したICANの中心にいて、核兵器廃絶に奔走する著者が、核の現状や今後について熱く語る。

881
不登校でも大丈夫
末富　晶

「学校に行かない人生＝不幸」ではなく、「幸福な人生につながる必要な時間だった」と自らの経験をふまえ語りかける。

882 40億年、いのちの旅 伊藤明夫
40億年に及ぶとされる、生命の歴史。それをひもときながら、私たちの来た道と、これから行く道を、探ってみましょう。

883 生きづらい明治社会 —不安と競争の時代 松沢裕作
近代化への道を歩み始めた明治とは、人々にとってどんな時代だったのか？ 不安と競争をキーワードに明治社会を読み解く。

884 居場所がほしい —不登校生だったボクの今 浅見直輝
中学時代に不登校を経験した著者。マイナスに語られがちな「不登校」を人生のチャンスととらえ、当事者とともに今を生きる。

885 香りと歴史 7つの物語 渡辺昌宏
玄宗皇帝が涙した楊貴妃の香り、織田信長が切望した蘭奢待など、歴史を動かした香りをめぐる物語を紹介します。

886 〈超・多国籍学校〉は今日もにぎやか！ —多文化共生って何だろう 菊池 聡
外国につながる子どもたちが多く通う公立小学校。長く国際教室を担当した著者が語る、これからの多文化共生のあり方。

889 めんそーれ！ 化学 —おばあと学んだ理科授業 盛口 満
料理や石けんづくりで、化学を楽しもう。戦争で学校へ行けなかったおばあたちが学ぶ教室へ、めんそーれ（いらっしゃい）！

888・887
数学と恋に落ちて
未知数に親しむ篇
方程式を極める篇
ダニカ・マッケラー
菅野仁子 訳

将来、どんな道に進むにせよ、数学はあなたに力と自由を与えます。数学を研究し、女優としても活躍したダニカ先生があなたの夢をサポートする数学入門書の第二弾。式の変形や関数のグラフなど、方程式でつまずきやすいところを一気におさらい。

890
情熱でたどるスペイン史
池上俊一

長い年月をイスラームとキリスト教が影響しあって生まれた、ヨーロッパの「異郷」。衝突と融和の歴史とは？（カラー口絵8頁）

891
不便益のススメ
―新しいデザインを求めて
川上浩司

効率化や自動化の真逆にある「不便益」という新しい思想・指針を、具体的なデザイン、モノ・コトを通して紹介する。

892
ものがたり西洋音楽史
近藤　譲

中世から20世紀のモダニズムまで、作曲家や作品、演奏法や作曲法、音楽についての考え方の変遷をたどる。

893
「空気」を読んでも従わない
―生き苦しさからラクになる
鴻上尚史

どうしてこんなに周りの視線が気になるの？どうして「空気」を読まないといけないの？その生き苦しさの正体について書きました。

894 内戦の地に生きる ―フォトグラファーが見た「いのち」 橋本 昇

母の胸を無心に吸う赤ん坊、自爆攻撃した息子の遺影を抱える父親…。戦場を撮り続けた写真家が生きることの意味を問う。

895 ひとりで、考える ―哲学する習慣を 小島俊明

主体的な学び、探求的学びが重視されているなか、フランスの事例を紹介しながら「考える」について論じます。

896 「カルト」はすぐ隣に ―オウムに引き寄せられた若者たち 江川紹子

オウムを長年取材してきた著者が、若い世代に向けて事実を伝えつつ、カルト集団に人生を奪われない生き方を説く。

897 答えは本の中に隠れている 岩波ジュニア新書編集部編

悩みや迷いが尽きない10代。そんな彼らに、個性豊かな12人が、希望や生きる上でのヒントが満載の答えを本を通してアドバイス。

898 ポジティブになれる英語名言101 小池直己 佐藤誠司

プラス思考の名言やことわざで基礎的な文法を学ぶ英語入門。日常の中で使える慣用表現やイディオムが自然に身につく名言集。

899 クマムシ調査隊、南極を行く! 鈴木 忠

白夜の夏、生物学者が見た南極の自然とは? 笑いあり、涙あり、観測隊の日常がオモシロい!〈図版多数・カラー口絵8頁〉

900 男子が10代のうちに考えておきたいこと
田中俊之
男らしさって何？ 性別でなぜ期待される生き方や役割が違うの？ 悩む10代に男性学の視点から新しい生き方をアドバイス。

901 カガク力《りょく》を強くする！
元村有希子
疑い、調べ、考え、判断する力＝カガク力！ 科学・技術の進歩が著しい現代だからこそ、一人一人が身に着ける必要性と意味を説く。

902 世界の神話
沖田瑞穂
個性豊かな神々が今も私たちを魅了する聖なる物語・神話。世界各地に伝わる神話のエッセンスを凝縮した宝石箱のような一冊。

903 「ハッピーな部活」のつくり方
中澤篤史
内田　良
長時間練習、勝利至上主義など、実際の活動から問題点をあぶり出し、今後に続くあり方を提案。「部活の参考書」となる一冊。

904 ストライカーを科学する
―サッカーは南米に学べ！
松原良香
南米サッカーに精通した著者が、現役南米代表などへの取材をもとに分析。決定力不足を克服し世界で勝つための道を提言。

905 15歳、まだ道の途中
高原史朗
「悩み」も「笑い」もてんこ盛り。そんな中学三年の一年間を、15歳たちの目を通して瑞々しく描いたジュニア新書初の物語。

906 レギュラーになれないきみへ　元永知宏

スター選手の陰にいる「補欠」選手たち。果たして彼らの思いとは？　控え選手たちの姿を通して「補欠の力」を探ります。

907 俳句を楽しむ　佐藤郁良

句の鑑賞方法から句会の進め方まで、季語や文法の説明を挟み、ていねいに解説。句作の楽しさ・味わい方を伝える一冊。

908 発達障害　思春期からのライフスキル　平岩幹男

「今のうまくいかない状況」をどうすれば「何とかなる状況」に変えられるのか。専門家がそのトレーニング法をアドバイス。

909 ものがたり日本音楽史　徳丸吉彦

縄文の素朴な楽器から、雅楽・能楽・歌舞伎・文楽、現代邦楽…日本音楽と日本史の流れがわかる、コンパクトで濃厚な一冊！

910 ボランティアをやりたい！　―高校生ボランティア・アワードに集まれ　風に立つライオン基金編　さだまさし

「誰かの役に立ちたい！」各地でボランティアを行っている高校生たちのアイディアに満ちた力強い活動を紹介します。

911 オリンピック・パラリンピックを学ぶ　後藤光将編著

オリンピックが「平和の祭典」と言われるのはなぜ？　オリンピック・パラリンピックの基礎知識。

912 新・大学でなにを学ぶか　上田紀行 編著
大学では何をどのように学ぶのか？　池上彰氏をはじめリベラルアーツ教育に携わる気鋭の大学教員たちからのメッセージ。

913 統計学をめぐる散歩道
—ツキは続く？　続かない？
石黒真木夫
天気予報や選挙の当選確率、くじの当たり外れやじゃんけんの勝敗などから、統計のしくみをのぞいてみよう。

914 読解力を身につける　村上慎一
評論文、実用的な文章、資料やグラフ、文学的な文章の読み方を解説。名著『なぜ国語を学ぶのか』の著者による国語入門。

915 きみのまちに未来はあるか？
—「根っこ」から地域をつくる
除本理史
佐無田光
地域の宝物＝「根っこ」と自覚した住民によるまちづくりが活発化している。各地の事例から、未来へ続く地域の在り方を提案。

916 博士の愛したジミな昆虫
金子修治
鈴木紀之 編著
安田弘法
SFみたいなびっくり生態、生物たちの複雑怪奇なからみ合い。その謎を解いていくワクワクを、昆虫博士たちが熱く語る！

917 有権者って誰？　藪野祐三
あなたはどのタイプの有権者ですか？　社会に参加するツールとしての選挙のしくみや意義をわかりやすく解説します。

918 議会制民主主義の活かし方
—未来を選ぶために
糠塚康江

私達は忘れている。未来は選べるということを。必要なのは議会制民主主義を理解し、使いこなす力を持つこと、と著者は説く。

919 繊細すぎてしんどいあなたへ
HSP相談室
串崎真志

繊細すぎる性格を長所としていかに活かすかをアドバイス。「繊細でよかった!」読後にそう思えてくる一冊。

920 10代から考える生き方選び
竹信三恵子

10代にとって最適な人生の選択とは? 各選択肢が孕むメリットやリスクを俯瞰しながら、生き延びる方法をアドバイスする。

921 一人で思う、二人で語る、みんなで考える
—実践! ロジコミ・メソッド
追手門学院大学成熟社会研究所 編

課題解決に役立つアクティブラーニングの道具箱。多様な意見の中から結論を導くロジカルコミュニケーションの方法を解説。

922 できちゃいました! フツーの学校
富士晴英とゆかいな仲間たち

生徒の自己肯定感を高め、主体的に学ぶ場を作ろう。校長からのメッセージは「失敗OK!」「さあ、やってみよう」

923 こころと身体の心理学
山口真美

金縛り、夢、絶対音感——。様々な事例をもとに第一線の科学者が自身の病とも向き合って解説した、今を生きるための身体論。

924 過労死しない働き方
―働くリアルを考える
川人　博
過労死や過労自殺に追い込まれる若い人を、どうしたら救えるのか。よりよい働き方・職場のあり方を実例をもとに提案する。

925 障害者とともに働く
藤井克徳
星川安之
「障害のある人の労働」をテーマに様々な企業の事例を紹介。誰もが安心して働ける社会のあり方を考えます。

926 人は見た目！と言うけれど
―私の顔で、自分らしく
外川浩子
見た目が気になる、すべての人へ！「見た目問題」当事者たちの体験などさまざまな視点から、見た目と生き方を問いなおす。

927 地域学をはじめよう
山下祐介
地域固有の歴史や文化等を知ることで、自分・社会・未来が見えてくる。時間と空間を往来しながら、地域学の魅力を伝える。

928 自分を励ます英語名言101
小池直己
佐藤誠司
自分に勇気を与え、励ましてくれるさまざまな先人たちの名句名言に触れながら、自然に英文法の知識が身につく英語学習入門。

929 女の子はどう生きるか
―教えて、上野先生！
上野千鶴子
女の子たちが日常的に抱く疑問やモヤモヤに、上野先生が全力で答えます。自分らしい選択をする力を身につけるための1冊。

930 平安男子の元気な!生活　川村裕子
意外とハードでアクティブだった!? 恋に出世にライバル対決、元祖ビジネスパーソンたちのがんばりを、どうぞご覧あれ☆

931 SDGs時代の国際協力 ―アジアで共に学校をつくる　西村幹子・小野道子・井上儀子
バングラデシュの子どもたちの「学校に行きたい!」を支えて――NGOの取組みから未来をつくるパートナーシップを考える。

932 コミュニケーション力を高めるプレゼン・発表術　上坂博亨・大谷孝行・里見安那
パワポスライドの効果的な作り方やスピーチの基本を解説。入試や就活でも役立つ「自己表現」のスキルを身につけよう。

933 確かめてナットク! 物理の法則　ジョー・ヘルマンス　村岡克紀 訳
ロウソクとLED、どっちが高効率? 物理学は日常的な疑問にも答えます。公式だけじゃない、物理学の醍醐味を味わおう。

934 深掘り! 中学数学 ―教科書に書かれていない数学の話　坂間千秋
三角形の内角の和はなぜ180°になる? なぜ割り算はゼロで割ってはいけない? なぜマイナス×マイナスはプラスになる?…

935 はじめての哲学　藤田正勝
なぜ生きるのか? 自分とは何か? 日常の一歩先にある根源的な問いを、やさしい言葉で解きほぐします。ようこそ、哲学へ。

936 ゲッチョ先生と行く 沖縄自然探検
盛口 満
沖縄島、与那国島、石垣島、西表島、宮古島を中心に、様々な生き物や島の文化を、著名な博物学者がご案内！〔図版多数〕

937 食べものから学ぶ世界史
―人も自然も壊さない経済とは？
平賀 緑
食べものから「資本主義」を解き明かす！産業革命、戦争…。食べものを「商品」に変えた経済の歴史を紹介。

938 国語をめぐる冒険
渡部泰明・平野多恵・出口智之・田中洋美・仲島ひとみ
世界へ一歩踏み出せば、新しい出会いと成長への機会が待っています。国語を使ってどう生きるか、冒険をモチーフに語ります。

940 俳句のきた道 芭蕉・蕪村・一茶
藤田真一
古典を知れば、俳句がますますおもしろくなる！ 個性ゆたかな三俳人の、名句と人生、俳句の心をたっぷり味わえる一冊。

941 AIの時代を生きる
―未来をデザインする創造力と共感力
美馬のゆり
人とAIの未来はどうあるべきか。「創造力と共感力」をキーワードに、よりよい未来のつくり方を語ります。

942 親を頼らないで生きるヒント
―家族のことで悩んでいるあなたへ
コイケ ジュンコ
NPO法人ブリッジフォースマイル協力
虐待やヤングケアラー…、子どもはどのようにSOSを出せばよいのか。社会的養護のもとで育った当事者たちの声を紹介。

943 数理の窓から世界を読みとく ―素数・AI・生物・宇宙をつなぐ 初田哲男 柴藤亮介 編著

数学を使いさまざまな事象を理論的に解明する方法、数理。若手研究者たちが数理を共通言語に、瑞々しい感性で研究を語る。

944 自分を変えたい ―殻を破るためのヒント 宮武久佳

いつも同じメンバーと同じ話題。親に勧められた大学に進学し、楽勝科目で単位を稼ぐ。ずっとこのままでいいのかなあ?

945 ヨーロッパ史入門 原形から近代への胎動 池上俊一

古代ギリシャ・ローマから、文化的統合体としてのヨーロッパの成立、ルネサンスや宗教改革を経て、一七世紀末までを俯瞰。

946 ヨーロッパ史入門 市民革命から現代へ 池上俊一

近代国家の成立や新しい思想の誕生、二度の大戦、アメリカや中国の台頭。「古い大陸」ヨーロッパがたどった近現代を考察。

947 〈読む〉という冒険 イギリス児童文学の森へ 佐藤和哉

アリス、プーさん、ナルニア……名作たちは、本当は何を語っている?「冒険」する読みかた、体験してみませんか。

948 私たちのサステイナビリティ ―まもり、つくり、次世代につなげる 工藤尚悟

「サステイナビリティ」とは何かを、気鋭の研究者が、若い世代に向けて、具体例を交えわかりやすく解説する。